OS SEIS MESES EM QUE FUI HOMEM

ROSE MARIE MURARO

OS SEIS MESES EM QUE FUI HOMEM

8ª edição revista

Rio de Janeiro
2020

Copyright © Instituto Cultural Rose Marie Muraro, 2020

CIP-BRASIL. CATALOGAÇÃO NA PUBLICAÇÃO
SINDICATO NACIONAL DOS EDITORES DE LIVROS, RJ

M946s
8ª ed.

Muraro, Rose Marie, 1930-2014
  Os seis meses em que fui homem / Rose Marie Muraro. –
8ª ed. – Rio de Janeiro : Rosa dos Tempos, 2020.

ISBN 978-65-558-7150-0

1. Muraro, Rose Marie, 1932-2014. 2. Feminismo – Brasil.
2. Mulheres – Condições sociais – Brasil. I. Título.

20-66526

CDD: 305.42
CDU: 141.72

Meri Gleice Rodrigues de Souza – Bibliotecária – CRB-7/6439

Todos os direitos reservados. É proibido reproduzir, armazenar
ou transmitir partes deste livro, através de quaisquer meios,
sem prévia autorização por escrito.

Texto revisado segundo o novo Acordo Ortográfico da Língua Portuguesa.

Direitos desta edição adquiridos pela
EDITORA ROSA DOS TEMPOS
Um selo da
EDITORA RECORD LTDA.
Rua Argentina, 171 – Rio de Janeiro, RJ – 20921-380 – Tel.: (21) 2585-2000.

Seja um leitor preferencial Record.
Cadastre-se no site www.record.com.br
e receba informações sobre nossos
lançamentos e nossas promoções.

Atendimento e venda direta ao leitor:
sac@record.com.br

Impresso no Brasil
2020

*A Frei Ludovico
a quem devo o que sou.*

*A Moema São Thiago
e aos homens e mulheres que, com ela,
ajudaram a salvar a minha vida,
a quem devo o que serei.*

SUMÁRIO

Nota da editora   9
Apresentação: Precisamos falar sobre Rose Marie Muraro,
  Marcia Tiburi   11

Introdução   17
1. A vida insatisfeita   19
2. As mulheres   25
3. Um tumultuado caminho teórico   31

PRIMEIRA PARTE: SEXUALIDADE   **43**
4. Sexualidade masculina   45
5. Sexualidade feminina   51
6. Sexualidades feminina e masculina   55
7. Alguns exemplos do impasse   59
8. Separação e união   69
9. A mãe todo-poderosa   75
10. O público e o privado   83

SEGUNDA PARTE: SEXUALIDADE E PODER   **93**
11. A fabricação do inconsciente   97
12. A fabricação da sexualidade   107
13. Sexualidade, saber e poder   113

TERCEIRA PARTE: O PODER **121**
14. Os seis meses 123
15. As dimensões do poder 129
16. A religião como fonte de poder 133
17. O mito 141
18. O jogo pesado 147
19. O controle das mentes 155
20. A revolução que faltava 165
21. A resistência aqui 175
22. A espaçonave Terra 181
23. O fim do milênio 193

QUARTA PARTE: O DESEJO **201**
24. Depois dos seis meses 203
25. Mas, afinal, quem é o ser humano? 207
26. O desejo imortal 213
27. As fases da libido 219
28. Sublimação e morte 223
29. Sublimação e analidade 231
30. Individualismo e poder 237
31. A sagrada fome de ouro 243

QUINTA PARTE: A SAÍDA, ONDE ESTÁ A SAÍDA? **249**
32. Pai primevo e mãe primeva 253
33. A sexualidade das meninas 261
34. Corpo e cultura 267
35. O andrógino 277
36. A ressurreição do corpo 281
37. As alternativas da sublimação 283
38. O fim da história 287
39. Consciência e transformação 293
40. Conclusão: A vida vivida 297

NOTA DA EDITORA

Este livro foi escrito em 1990. Porém, engana-se quem imagina encontrar nele uma discussão ultrapassada. Rose Marie Muraro estava à frente do seu tempo.

Contudo, com Walter Benjamin, sabemos que a narradora retira da experiência o que conta e mantém fidelidade à sua época.

Por isso, leitoras e leitores do século XXI encontrarão neste livro alguns termos que são marcos de décadas atrás e já não se usam, como na "novela das oito", a indicação da existência de países socialistas, a moeda corrente ser o cruzado, entre outros.

Há também algumas ideias que mostram como preconceitos de todos os tipos ainda estavam arraigados mesmo nos estratos mais informados da sociedade. Certamente a autora hoje não escreveria certos termos, uma vez que se nota no livro e na sua trajetória seu esforço inclusivo.

Preferimos não atualizar as afirmações porque acreditamos que tudo isso nos ajuda a entender a linguagem de Rose Marie Muraro e a época em que o livro foi escrito. Atualizar essas informações seria também descaracterizar o livro.

Rose Marie Muraro é Patrona do Feminismo Brasileiro. Foi importante voz de resistência durante a ditadura militar como editora da Vozes. Fundou a primeira editora feminista do Brasil, a Rosa dos Tempos.

APRESENTAÇÃO

PRECISAMOS FALAR SOBRE ROSE MARIE MURARO

Rose Marie Muraro foi uma escritora, intelectual e editora importantíssima para o Brasil de todos os tempos. Acima de tudo, ela foi uma feminista que, dentre as muitas distinções de sua vida, recebeu o título de Patrona ou, se quisermos adaptar, Matrona do Feminismo Brasileiro.

No mundo patriarcal, a invisibilidade é um fardo para as mulheres, aquelas a quem é permitido estar no mundo apenas em posições secundárias, aquelas que não têm o direito de estar presentes em posições de destaque e de poder. Mas Rose Marie Muraro ultrapassou essa barreira como intelectual pública, em uma época em que isso era muito raro, como ainda hoje é. Nesse sentido é que precisamos falar sobre essa personagem histórica, pois sua contribuição intelectual para o nosso país ainda não foi suficientemente compreendida. Sua obra não foi ainda suficientemente lida. E sua forma de fazer feminismo, orgulhosa e corajosamente, ainda não foi inteiramente assimilada. A nós, mulheres feministas, herdeiras de seu legado, cabe recuperar a história de luta e o pensamento de uma heroína como ela. E isso porque devemos a mulheres como Rose Marie Muraro as portas arrombadas, com seus delicados pontapés, nas quais podemos entrar hoje.

Nascida em 1930 e falecida em 2014, Rose Marie Muraro é tão importante para nós como Simone de Beauvoir, para a França; como Maya Angelou, para os Estados Unidos; como Rosa Luxemburgo, para a Alemanha, isso para citar alguns nomes bem fortes que nos ajudam a situar a grandeza dessa personagem histórica fundamental no feminismo brasileiro.

Criadora da Rosa dos Tempos, primeira casa editorial feminista do Brasil, Rose Muraro se preocupou com o mais fundamental: tornar o livro acessível. Ela buscou criar uma cultura literária e ensaística feminista. Com isso, veio a ajudar a quem pudesse se interessar por sua complexa causa, a entender os jogos de poder históricos, as repressões e os recalques que foram lançados sobre o corpo, tanto de mulheres quanto de outros gêneros. E fez isso movendo o mundo do livro, que constitui o caminho da formação de gerações inteiras.

Muito à frente de seu tempo, Rose Marie Muraro estudou física e economia, recebeu vários prêmios importantes, escreveu mais de quarenta títulos e, como editora, publicou mais de mil livros. Além de tudo, ela se candidatou à Câmara dos Deputados para fazer parte da Constituinte de 1988, mote deste livro que temos em mãos, que a levou a avaliar em nova chave a história da sexualidade e do poder que ainda hoje afeta a política em todos os países.

De fato, sempre se pode contar a história de alguém a partir de seus feitos públicos. No caso de Rose Muraro, o seu foi ao mesmo tempo um feito particular, privado e singular, a saber, tornar-se quem ela era. Tornar-se Rose Marie Muraro. De fato, a sua principal realização diz respeito à prática do princípio fundamental do feminismo: o direito de tornar-se quem se é. Se há algo que o regime patriarcal, na teoria e na prática, proíbe às mulheres é que se tornem quem são. Ou seja, sob o signo do machismo e da misoginia, não se espera que mulheres encontrem um caminho próprio, nem que se dediquem a refletir sobre si mesmas e sobre o mundo, encontrando soluções para seus problemas e para os problemas do mundo, entre eles o machismo, a misoginia e todas as formas de violência contra minorias políticas.

Sob o patriarcado, se interditam as mulheres que não dependam nem se sintam na obrigação de servir aos homens. Não obedecer é evidentemente algo tratado como uma heresia. Para uma mulher em qualquer contexto — pois no patriarcado os cenários são praticamente todos machistas —, é sempre perigoso dizer o que se pensa. E se uma mulher não se preocupa em agradar ao regime patriarcal, facilmente ela se torna malquista e pagará alto preço por isso. Em certas épocas, mulheres donas de si, livres e diferentes da ordem exigida pelo regime de opressão machista foram chamadas de "bruxas" e pagaram por crimes que não cometeram, em fogueiras erguidas por homens diabólicos, que projetavam nelas toda a sua maldade. Diante da história de injustiças sofridas por muitas mulheres e por ela mesma, Rose Marie Muraro não se intimidou e continuou seu percurso de descoberta de si e do mundo tal como vemos exposto neste brilhante *Os seis meses em que fui homem*.

Rose Marie Muraro nos serve de exemplo e inspiração. Para que uma mulher se torne quem ela é, ela precisa tomar posse de sua história de vida, compreender os fatores que interferem na construção de sua vida objetiva e subjetiva. Nesse momento, ela aprende a contar sua própria história, aprende a narrar a si mesma. Ela não é mais um objeto do patriarcado, mas um sujeito. De posse do seu passado, seu presente se altera, seu futuro se abre. Ela se torna livre.

Podemos dizer que, nesse momento, uma mulher se torna feminista, mesmo que, inicialmente, ela não use esse nome para explicar a si mesma. Rose Marie Muraro foi uma feminista orgulhosa de si, mas, sobretudo, o feminismo foi para ela o descortinar da verdade que todo espírito livre busca.

Rose Marie Muraro tornou-se conhecida como escritora de livros ousados e complexos. Ela era uma ensaísta invulgar como as leitoras e os leitores poderão ver, uma erudita expressiva, uma mulher sem medo. Como dizia Simone de Beauvoir, uma mulher sem medo dos homens coloca medo nos homens. Rose Marie Muraro não se deixou afetar por esse aspecto. Seguiu escrevendo e procurando fazer da escrita um espaço de liberdade e de partilha de saberes e de potencialidades. Embora tenha sofrido como outras quando decidiu falar de sexo, despertando ódio em fundamentalistas moralistas, ela foi muito admirada e respeitada. Certamente, foram sua honestidade, sua singularidade e a extensão de seu olhar que fizeram dela uma pessoa respeitada ao longo de sua vida por aqueles que respeitam os valores democráticos.

Um olhar extenso é fruto de uma subjetividade que se expande.

Neste *Os seis meses em que fui homem*, Rose Marie Muraro consegue trançar dois fios fundamentais da história humana, o da sexualidade e o do poder para situar aí a história da diferença sexual que ela atribui à cultura patriarcal e sua necessidade de manter os privilégios masculinos a partir da submissão feminina.

Envolvendo arqueologia, estatística, física, história e sexologia, *Os seis meses em que fui homem* é um ensaio aberto, que tenta dar conta das principais questões do seu tempo, autoritarismo e religião, guerra fria e teologia da libertação, abertura política e democracia. No meio disso tudo, ela, como candidata, perde o emprego na Editora Vozes por publicar *Sexualidade, libertação e fé: por uma erótica cristã*. Rose Marie Muraro o escreve na sequência de sua candidatura, no auge de sua popularidade. Lendo o livro, podemos nos perguntar como ela conseguia ter tanto em mente e ver tantas conexões entre tantos aspectos. Rose era uma mulher genial.

Em um mundo de mentes desconectadas, como infelizmente até hoje, a de Rose Marie Muraro foi pura conexão.

É importante dizer que neste livro lançado em 1990 e relançado agora pela editora que ela criou, as leitoras e os leitores terão conhecido uma intelectual sem fronteiras, um ser humano cheio de generosidade. Terão aprendido muito com ela sobre a história humana e a desumanidade dos homens. Mas terão aprendido também que toda transformação do mundo, da vida e da sociedade, passa por "nossa capacidade de viver todas as linhas não vividas do nosso ser". Lendo o livro, descobriremos o que essa intensidade de experiência pode fazer por nós.

Marcia Tiburi

*Jardim Marielle Franco, Paris,
14 de outubro de 2020, aos 945 dias
do assassinato de Marielle Franco*

INTRODUÇÃO

Só pelo título, parece que fui transexual durante seis meses. Mas foi muito pior. A experiência que vivi nesse semestre é para nenhum transexual botar defeito. E foi também uma das mais fantásticas aventuras que a vida colocou diante de uma mulher.

Mas, para que você possa entender o que aconteceu, é preciso que reviva comigo todo o processo que culminou naquele período. E esse processo não é só um processo existencial. É também uma participação no processo histórico do Brasil do meu tempo e, principalmente, um processo de reflexão teórica não só sobre tudo o que aconteceu, mas também uma reflexão criadora *a partir* do que ia acontecendo.

E, pelo que você vai ler aqui, foi essa reflexão teórica que caminhou junto com a experiência que acabou dando uma dimensão inesperada aos fatos. Tudo o que aconteceu mostrava que, se a experiência é fonte de toda teoria, a teoria também alarga muito a experiência.

Viver todos vivem, mas o problema é saber não recusar os desafios que a cada minuto a vida propõe. A esmagadora maioria dos seres humanos rejeita esses desafios e por isso continua presa a padrões previsíveis de comportamento, quando viver plenamente significa ir quebrando esses padrões e a cada momento encontrar-se no desconhecido.

Pois foi esse desconhecido que me fascinou, quase me matou, mas não me arrependo de ter seguido o seu apelo. E é esse percurso que desejo que você faça comigo agora.

1. A VIDA INSATISFEITA

Todos sabem que, antes de ser feminista, trabalhei com a Igreja progressista. Mas esse trabalho só começou a tomar contornos mais definidos no início da década de 1960, pois, na década de 1950, parecia não haver saída. As mulheres da minha geração, que então eram muito jovens, tinham que casar cedo. Se não, ficavam encalhadas, mercadorias sem valor.

Para meu azar, tinha estudado física, aliás com muito sucesso. Mas acabei largando a faculdade quase no fim do curso para me casar. O motivo pelo qual deixei de estudar, porém, não foi propriamente o desejo de casar. O fato era que eu intuitivamente percebia a esquizofrenia da ciência. Os meus colegas que se dedicavam mais seriamente ao estudo me pareciam tão ordeiros, tão disciplinados, e eu me via uma caótica, procurando gozar a vida, namorar, e tinha um bruto complexo de inferioridade por isso.

Fiquei aterrorizada quando quase todos eles, um a um, foram sendo internados em sanatórios psiquiátricos. A resposta do enigma me veio quando li por acaso uma frase de Chesterton, na época muito badalado: "Quem fica louco não é o poeta que põe a cabeça na lua, mas o físico que quer pôr a lua na cabeça..." Foi o suficiente para que eu abandonasse tudo. Mas aquela experiência me marcou para o resto da vida. O convívio íntimo com a ciência mais abstrata me mostrou na carne as ambiguidades desse tipo de pensamento, e posso afirmar que o que digo hoje nas conclusões deste livro não são considerações generalizantes, mas, para mim, verdades profundamente vividas e sofridas.

Alguns anos depois, a angústia era outra. Acostumada com a atividade intelectual e a militância no meio universitário, não me conformava com os trabalhos da casa. Aquilo me parecia muito limitador. Os filhos iam nascendo, e eu ficava cada vez mais frustrada. Foi então que resolvi ser mística! Se a saída não existia aqui, deveria estar na transcendência... Foi uma fase intensamente voltada para dentro de mim mesma, muito poética mas também muito solitária. E os poemas que escrevi nessa fase refletiam ao mesmo tempo essa busca de fusão e essa profunda solidão. Por incrível que possa parecer, também não era satisfatória a relação com Deus...

A primeira saída humana, a que me conectou com o mundo, encontrei quando, no início dos anos 1960, mostrou-se possível uma esquerda dentro da Igreja. Desde antes da universidade eu militava nos movimentos de jovens cristãos e estivera sempre em contato com eles, de modo que muitas reuniões se passaram em minha casa. Foi um grande debate público. Dele participaram os estudantes, parte da *intelligentsia* brasileira de um lado, e de outro, a Igreja conservadora, a classe média reacionária, enfim, todas as forças que seriam intensamente mobilizadas naquela véspera do golpe de 1964.

Em 1961, por falta de dinheiro e com uma quarta filha, recém-nascida, comecei a trabalhar na CNBB (Conferência Nacional dos Bispos do Brasil). Foi naquela época que eu senti realmente quais eram os caminhos da saída. Ali eu conseguia juntar o meu desejo de participar, de não ficar à margem dos acontecimentos, com o sentimento que ligava nós todos dali com a transcendência, mas por meio do Cristo encarnado no mais pobre dos pobres. Já alguma coisa estava se abrindo, mas, dentro de mim, eu sentia que as grandes forças ainda estavam reprimidas.

Assim, participei de dentro, ao lado das forças progressistas, dos acontecimentos que deram origem ao golpe de 1964. Vi o medo que os militares e a sociedade conservadora tinham do trabalho dos cristãos. Para eles, era inacreditável: a Igreja sempre estivera ao seu lado, mas boa parte dela agora fazia coisas que nem os mais radicais comunistas teriam coragem...

Não só a sociedade estava perplexa, mas também a Igreja internacional. Vi missões vindas de Roma examinarem o trabalho da equipe de Educação de Base, e na época dizia-se que as encíclicas progressistas do papa João XXIII se baseavam em parte nesse trabalho como projetos-piloto para o resto do mundo.

Por volta de 1963, a JUC (Juventude Universitária Católica) ascendera ao controle da UNE (União Nacional dos Estudantes), e a JOC (Juventude Operária Católica) influenciava boa parte do movimento operário. Com o Movimento de Educação de Base, atingiam-se e se organizavam centenas de milhares de trabalhadores rurais.

Quando veio o golpe, cerca de 70% dos que foram presos eram militantes cristãos. Mas, se havia já em embrião o que mais tarde viria a ser a Igreja progressista, a maioria dos bispos fechara com os militares. Em 1966, a CNBB reunida dissolveu a Ação Católica, mas anteriormente, em 1965, quando a Igreja conservadora assumiu a direção daquela entidade, nós todos já havíamos saído. A segunda metade da década de 1960 foi testemunha de como esses movimentos, que existiam no país inteiro, iam pouco a pouco caminhando, se não para a clandestinidade, ao menos para uma obscuridade silenciosa.

É nessa segunda metade dos anos 1960 que me torno editora e vou parar na Editora Vozes, que então só publicava livros católicos confessionais conservadores, primeiro como *freelancer* e, no fim da década, como assalariada encarregada do Departamento Editorial. Levei para essa instituição a produção intelectual da Igreja progressista. Seu desempenho surpreendeu os responsáveis pela editora: os novos livros vendiam como água. Ora, isso mostrava que aquela corrente de pensamento continuava viva e, mais ainda, crescendo silenciosamente.

Chegou, então, 1968. Se esse ano foi uma virada para a cultura ocidental, foi também para mim, mas eu ainda não sabia disso. Minha inquietação continuava, agora com novos componentes. Parecia que eu já vivera de tudo, mas não era a minha verdade interna. Para mim faltava ainda muita coisa. Comecei então minha análise e descobri que o mais importante fora esquecido: o corpo. O mais engraçado é que me pareceu na época que o mundo inteiro descobrira isso comigo. Parecia que o mundo me seguia e não eu ao mundo... De repente, descobri que até então eu encontrara uma saída coletiva, e não a minha individual.

Naquela época em que tudo estava fechado no Brasil, a guerra do Vietnã corria solta, mostrando aos jovens do mundo todo que, para eles, ao contrário do que acontecia comigo, não havia uma saída coletiva e que as forças políticas e econômicas eram infinitamente pesadas. Então, muitos deles viraram a mesa. Individual e coletivamente. E eu também! Aqui, nesse recanto perdido do mundo.

Iniciei um longo processo de recuperação da minha vida afetiva que iria dar na ruptura do meu casamento. Foi exatamente no fim da década que percebi que as mulheres de outros países estavam com um problema semelhante ao que eu vivera na década de 1950 e estavam procurando solucioná-lo organizando-se no mundo inteiro.

Em 1966, escrevi meu primeiro livro, *A mulher na construção do futuro*, que, para minha surpresa e de meus patrões, vendeu 10 mil exemplares em três meses, sem publicidade nenhuma. Havia na época uma grande sede de conhecimento do problema da mulher. Em 1968, lancei *Automação e o futuro do homem*, sobre minhas inquietações no domínio da ciência e, em 1970, *Libertação sexual da mulher*, que acabaram me lançando publicamente como escritora. Em 1970/71, fui convidada para dar aulas no Instituto Villa-Lobos, uma escola de artes que reunia a grande maioria dos estudantes cariocas insatisfeitos com os cursos universitários que haviam escolhido e que buscavam um caminho alternativo. Era a época da contestação, da droga, da libertação sexual, das preocupações ecológicas e do misticismo oriental. Claro, para mim, foi uma época gloriosa. Cheguei a ter mais de mil alunos e ia compreendendo que estava no bojo de alguma coisa muito importante e nova.

Era também a época mais terrível da ditadura militar, com as torturas, os desaparecimentos e as mortes. Lembro-me que, naquela época, de dois em dois anos eu mudava de amigos, porque os antigos ou se exilavam ou eram mortos... Mas, de qualquer maneira, o que estava acontecendo era o deslanchar de tudo o que viria a ser o núcleo dos acontecimentos da década seguinte.

Por essa época eu já me sentia bem mais aliviada. Não feliz, porque nunca fui nem quero ser feliz, mas sabendo qual era o meu caminho. Daí em diante a vida começou a ter altos e baixos, êxtases e abismos, inseguranças, principalmente inseguranças. Mas os canais já estavam abertos. Grandes e prolongados momentos de solidão, mas, de repente, ali estava o novo. E era essa possibilidade de viver o novo a resposta de tudo o que eu até então procurara. Passei então, dali em diante, a me definir por aquilo que ainda não vivera.

2. AS MULHERES

Em 1971, a Editora Vozes fazia setenta anos, e a ideia era comemorá-los com tudo a que se tinha direito. Pedi licença ao diretor para trazer um autor estrangeiro. Eu queria convidar Norman Brown, que fazia muito sucesso na época, Michel Foucault, ou então Betty Friedan. Madre Cristina, de São Paulo, me deu o livro de Betty Friedan para ler, e eu tinha gostado tanto que a tradução já estava pronta. Falei com ela ao telefone e ela se prontificou a vir só pela passagem, a estadia e o que acontecesse, principalmente.

Fiquei com medo do evento, talvez porque eu esperava que seu livro ficasse fechado dentro das paredes das universidades. Mas, mesmo antes de ela chegar, as coisas começaram a acontecer. *O Pasquim* fez uma entrevista preparatória comigo. Lá estavam Glauber Rocha, Paulo Francis, Jaguar, Ziraldo e toda a patota. Foi só aí que percebi o que o feminismo realmente significava para os homens da época. Tenho certeza de que os "jantei", porque eles não sabiam nada das articulações da opressão das mulheres com o econômico... Só pensavam no medo que as novas mulheres lhes causavam.

Isso foi o bastante para chamar a atenção de toda a mídia. Quando Betty Friedan chegou, as coisas explodiram. Os jornalistas subiam nas árvores diante da casa onde ela estava hospedada, na Barra da Tijuca. Nunca me passara pela cabeça que aquilo pudesse ser tão frenético. Nos três dias em que ela apresentou o livro à mídia, eu tinha a impressão de que ia morrer. Eram os tempos mais duros da ditadura. Por mais que eu a avisasse de que as coisas que dissesse comprometeriam a mim e não a ela, ela dizia sempre que podia dizer o que quisesse porque era uma cidadã americana livre. E eu que me danasse...

A TV Globo começou a fazer enquetes em todas as esquinas do país. Todos os jornais, revistas, televisões nos deram as primeiras páginas ou chamadas. A Igreja e o Estado começaram, também, a cair em cima da minha cabeça. Logo da minha! Mostrei a ela as marchadeiras de 1964, as mulheres populares, os torturados, as feministas... Ela falou mal dos militares e mandou Millôr Fernandes à merda numa memorável entrevista aos machões de *O Pasquim*.

Quando ela foi embora, não ficou pedra sobre pedra. Ela era muito feia e agressiva, e daí em diante passou a fazer parte do inconsciente coletivo brasileiro como o modelo de mulher que as outras, as que quisessem continuar femininas, não deveriam imitar. Até hoje, nos mais recônditos cantos deste país, sua figura é conhecida, ridicularizada e temida por homens e mulheres.

Naquela época, apenas algumas pouquíssimas mulheres ousavam levantar o problema da mulher. Era Carmen da Silva, a nossa grande precursora, na Abril, Heloneida Studart, na Bloch, e Heleieth Saffioti, que acabara de escrever o fantástico *A mulher na sociedade de classe*. Tinha também Romy Medeiros, que considerávamos de direita, mas que sempre foi muito decente. E Zuzu Angel, com toda a sua tragédia, que se desenrolou exatamente naquela época.

Compreendemos então que o problema da mulher já fora espantosamente levantado por toda a sociedade. E que as ideias de Betty Friedan não serviam para o Brasil. E fomos pouco a pouco construindo um outro feminismo.

Era o tempo do milagre brasileiro. Quem ia para a televisão e era entrevistada até no Silvio Santos era eu (a louca!), porque as outras tinham muito medo. Naquele momento, eu não conseguia compreender por que tanta entrevista. Em 1972, a Manchete fez um inquérito com seiscentas estudantes no Rio e outras seiscentas em São Paulo perguntando por que queriam entrar na universidade. E houve quase uma unanimidade na resposta: elas queriam primeiro ter uma carreira e conseguir o seu lugar no mundo, e só depois ter marido e filhos. Eram essas, na época, as reivindicações feministas mais avançadas. A revolução sexual estava apenas começando...

O motivo verdadeiro daquilo tudo só apareceu mais tarde, em 1975, quando estávamos preparando um dossiê para a reunião paralela da Cidade do México por ocasião do Ano Internacional da Mulher. Vimos que o número de universitárias crescera cinco vezes num período de cinco anos! Em 1969, eram 100 mil mulheres e 200 mil homens. E, em 1975, já seriam 500 mulheres e 508 mil homens! A população universitária inteira crescera três vezes, o número de homens pouco mais que dobrara, mas as mulheres haviam crescido cinco vezes e se igualavam aos homens!

Por outro lado, em 1970, o número de mulheres que formavam a força de trabalho feminina chegava a 6 milhões. Em 1976, crescera para 12 milhões. Mais importante do que o que estava acontecendo nas universidades, as mulheres de todas as classes sociais estavam entrando em massa para o mundo público da economia e do trabalho. Era a maior transformação que a mulher brasileira jamais atravessara.

E essa transformação econômica implicava outras transformações ainda mais profundas na área do comportamento, entre elas uma completa reestruturação da sexualidade feminina. E era por isso que, apesar da imagem negativa de Betty Friedan, o feminismo nunca deixou de sair das páginas. O *establishment* acenava aquela imagem como um espantalho: "Está vendo o que você vai virar se sair do seu papel tradicional? Uma mulher feia, agressiva, mal-amada, uma bruxa... vai perder a sua feminilidade..."

Mas nem isso teve o poder de fazer parar aquela corrente cultural nascente. Mesmo dizendo "eu sou feminina, não sou feminista", a mulher ia silenciosamente se modificando. Acendendo uma vela a Deus e outra ao diabo quando era preciso, ia conquistando o seu espaço e o seu orgasmo. As separações se tornaram comuns. O número de mulheres executivas cresceu dez vezes mais no fim da década. E assim foi.

Em 1975, no próprio Ano da Mulher, foi preciso que as Nações Unidas patrocinassem o primeiro encontro feminista, senão os militares não deixariam. Ele aconteceu na ABI (Associação Brasileira de Imprensa) em julho e, embora a imprensa, censurada, não tivesse dito uma palavra, mais de mil mulheres do Brasil inteiro apareceram. Muitas viajaram dias, e todas por conta própria. E assim nasceu o Centro da Mulher Brasileira no Rio de Janeiro, o primeiro grupo feminista do Brasil moderno.

E, quando eu estava ajudando a fundar o Centro de Desenvolvimento da Mulher Paulista na Câmara Municipal de São Paulo, no dia 9 de outubro desse mesmo ano, junto com mulheres militantes e membros da Igreja, recebi um telefonema. Era o meu diretor: "Filhinha, a polícia veio aqui e levou todos os seus livros..."

Era a vingança dos militares contra aquela farra toda. As mulheres que se cuidassem. Um dos livros proibidos era um livro sobre física, *Automação e o futuro do homem*. Pois bem, como o outro, *A mulher na construção do mundo futuro*, que já havia sido proibido em escolas de segundo grau (e muitas religiosas), foram os dois proibidos como pornográficos. Com isso, vimos que era pura perseguição pessoal, pois os censores não haviam sequer lido os livros!

Aquilo me deixou deprimida e assustada. Nessa época, eu recebera um convite de um amigo brasilianista para dar aulas nos Estados Unidos, e ele estava batalhando uma bolsa da Fullbright. Por feliz coincidência, essa bolsa saiu em fins de 1976, e passei quase todo o ano de 1977 nos Estados Unidos. De repente, pareceu que o mundo se ampliou e ficou brilhante. Depois de tantos anos de tensão, tortura e censura, eu estava tomando um porre de liberdade!

Aquela ainda era a época da contracultura, e em cada canto e em cada casa daquele país se faziam as experiências mais fantásticas. Em meados da década de 1970, os Estados Unidos eram o laboratório da humanidade. Lá havia desde as mais ferozes correntes da extrema direita, como a Ku Klux Klan, ainda muito ativa, e John Birch Society, até as experiências da mais ousada vanguarda. Eram desenvolvidas as técnicas para expandir o corpo e a mente, as novas místicas, a nova esquerda, os protestos dos estudantes e dos gays e também a revolução sexual a pleno vapor. Tudo junto se misturando e polemizando. Era uma festa sem-fim. Eu procurava viver o máximo, participar de tudo, experimentar tudo.

Por isso, tive um choque cultural na ida e também na volta... O que sobrou de prático naquela viagem foi uma bolsa da Fundação Rockefeller para uma pesquisa sobre o problema da reprodução das mulheres camponesas. Devia ser uma pesquisa pequena, mas, como sempre, alguma coisa estava acontecendo.

Já era 1979, governo Figueiredo e sua "abertura" política. Os movimentos feministas, no Rio e em São Paulo, de 1975 a 1978, que eram obrigados a permanecer limitados em pequenos círculos de mulheres profissionais de classe média, ganharam fôlego. Elas se espalharam pelo Brasil inteiro e, ainda mais, adquiriram amplitude. As mulheres começaram a fazer um trabalho nas periferias das grandes cidades com as mulheres do povo. E fizeram isso em conjunto com os novos partidos progressistas, os legais como o PMDB e o novo PT e os clandestinos, que então eram os dois rachas do PC (PCB e PCdoB).

Os homens ficavam muito incomodados porque as feministas trabalhavam com reprodução e sexualidade, e diziam que isso era divisionismo. "Larguem isso e venham lutar com seus companheiros para que o povo brasileiro volte a alcançar a democracia..." Nascia então a polêmica que iria se estender pelos anos 1980: a de qual era a luta mais prioritária, a geral (de classes) ou a específica, isto é, as lutas das mulheres, dos negros etc.

O embrulho teórico parecia sem saída. Havia os marxistas dizendo que a luta de classes englobava todas as outras e que, uma vez erradicada a sociedade de classes, automaticamente todas as outras contradições se resolveriam, e, do lado oposto, os outros. As feministas americanas e europeias provaram que a opressão da mulher era anterior à sociedade de classes e que seria a base de todas as outras opressões. E, o que era pior, perpassava todas as classes sociais, e até a sociedade socialista. Nenhuma de nós conseguia engolir aquilo de luta de classes, pois experimentávamos na carne que na luta prática o comando e as decisões estavam com os companheiros homens, e o trabalho pesado, arriscado e cotidiano, mas silencioso e sem reconhecimento, continuava com as mulheres. Por isso não víamos saída nenhuma para nós.

Foi assim que rasgamos a proposta da Rockefeller e fizemos um outro projeto muito mais ambicioso e abrangente. Queríamos concretamente tirar a dúvida sobre qual era a mais prioritária, a sexualidade ou a classe social. E assim nasceu a pesquisa que veio a ser o livro *Sexualidade da mulher brasileira — corpo e classe social no Brasil*.

3. UM TUMULTUADO CAMINHO TEÓRICO

Neste ponto espero que você me presenteie com a sua compreensão. Para entendermos o que aconteceu dez anos mais tarde, temos agora que passar da linguagem espessa da vida vivida para a fala mais transparente da teoria, mas sabendo que uma é tão importante quanto a outra e que uma sem a outra perde a sua dimensão. Se a vida é fonte de toda teoria, uma teoria bem elaborada dá uma dimensão e um sentido à vida que podem atingir consequências muitas vezes inimagináveis.

E aconteceu assim mesmo. Se o grupo a que eu pertencia não tivesse feito a pesquisa sobre sexualidade e classe social, certamente eu não teria cabeça nem sequer para perceber ou para sair viva da experiência que aconteceu dez anos depois.

Quando nos reunimos para planejar a pesquisa, todas nós já tínhamos mais de dez anos de prática em trabalhos com mulheres, de modo que já sabíamos ao menos aproximadamente quais eram os principais problemas com que nos iríamos deparar. Tomamos o modelo da sociedade de classes como os marxistas o definem, isto é, uma sociedade dividida em dois grupos em conflito: os que possuem os meios de produção e os que vendem a sua força de trabalho, isto é, patrões e empregados, exploradores e explorados.

Já naquela época, início dos anos 1980, havia discussões quanto à existência ou não da sociedade de classes. Lembro-me que tive um pega com Félix Guattari a esse respeito, quando ele veio pela primeira vez ao Brasil, e uns dias depois mais de duzentos estudantes reunidos no IFICS (Instituto de Filosofia e Ciências Sociais) da UFRJ também chiaram. Ele dizia que aquele esquema estava ultrapassado e que havia conflito, sim, não entre patrões e operários, mas entre operários garantidos e não garantidos. Ele se referia ao emprego flutuante dos imigrantes que vinham em massa, clandestinamente, dos países pobres, nos anos 1970 e 1980, sem nenhuma segurança para trabalharem nos países desenvolvidos.

Os estudantes ficaram revoltados alegando que aqui nenhum operário era garantido. Mais tarde, Antoinette Fouque, a feminista, me veio com a mesma história, e essa se tornou a discussão-chave da década de 1980. Mas o fato é que, naquela pesquisa, a sociedade de classes e seus conflitos apareceram em todo o seu dinamismo.

E, como este livro se baseia em parte naquela pesquisa, a discussão das classes sociais está também subjacente a tudo o que será dito aqui. Sabemos que hoje há os que aceitam e os que não aceitam a sociedade de classes, e até os que, como Fukuyama, acham que a história acabou com a Revolução Industrial e a vitória do capitalismo liberal, o que está mais ou menos acontecendo hoje. Kojève dizia mesmo que ela acabou em 1806, quando Napoleão tomou o poder. Mas o fato é que aqui as classes apareceram, e como!, em conflito no cotidiano.

Honestamente, acho toda essa discussão de um cinismo absurdo. Ela, para mim, tem a finalidade de fazer os povos subdesenvolvidos e as classes mais pobres ficarem no seu lugar. Pela minha experiência nos países ricos, o que pude perceber é que tecnicamente existem exploradores e explorados, patrões e empregados, os que decidem e os que não decidem, e que apenas o Estado de bem-estar deu muitos benefícios aos mais pobres e estes se acomodaram na sua posição, porque lhes foi garantido um mínimo de liberdade e de consumo. Assim, o que aconteceu nos Estados liberais foi que desapareceu a *percepção* das classes, mas não as classes de fato.

Os sindicatos e os patrões se entendem, e há nesses países uma generalizada ideologia de classe média. Assim, fica fácil dizer que não há sociedade de classes, principalmente quando a União Soviética declara falido o seu modelo de propriedade estatal dos meios de produção e o seu povo tem sede de consumo. Isso tudo parece dar razão aos que dizem que a história acaba quando o capitalismo vence como sistema, ao menos temporariamente.

Mas lembre-se, leitor(a), eu só estou dizendo isso porque este é o problema mais importante deste livro: os teóricos liberais se esquecem de um dado muito simples e que está diante de todos, mas que eles tornam invisível porque não é do seu interesse levantar esse véu: duzentos anos de industrialização, competição e luta por mais riqueza estão causando a destruição do planeta. E isso nos mostra que o problema não é tão simples assim. Hoje já faz parte da consciência coletiva que é preciso uma profunda transformação nas relações humanas, e imediatamente para que se reverta esse quadro de destruição.

Isso quer dizer que, visto assim levianamente, o fim da história pode ser o fim do mundo... E, pior ainda, essa destruição do planeta continua sendo fruto de um confronto entre ricos e pobres, e estes últimos, segundo os teóricos do fim da história, são aqueles que ainda continuarão mergulhados nas lutas históricas.

E aí se encontra a contradição: aqueles que erradicaram a luta de classes conseguiram fazer isso à custa dos que ainda estão lutando. Ou melhor, o bem-estar dos ricos é resultado das lutas internas dos países mais pobres, daqueles em que a estrutura de classes ainda age em toda a sua selvageria, tal como é o caso do nosso Brasil.

Em suma, no decorrer deste livro trataremos do problema sociedade de classes *versus* sexualidade e também estudaremos o problema da destruição do meio ambiente, que é o grande interlocutor da espécie humana neste fim de século e de milênio. Por agora, no entanto, basta saber como a sociedade de classes deu o ar de sua graça no nosso trabalho sobre sexualidade.

Quando entreguei a Marilena Chaui o livro acabado para que me desse sua opinião, a primeira coisa que ela disse foi: "Antes de ler o teu trabalho, li o material bruto e vi como as classes saltam aos olhos!"

Depois do que apareceu no trabalho, negar a existência das classes no Brasil e seu conflito seria no mínimo desonesto, ou melhor, anticientífico.

O primeiro problema que se colocou para nós foi: como captar a sociedade de classes dentro de uma metodologia convencional? A ideia inicial seria usarmos apenas um método qualitativo. Todas as grandes descobertas científicas, os saltos do pensamento humano, ignoraram o quantitativo. Freud construiu a sua teoria baseado em estudos de casos, e Marx não precisou medir a sociedade para identificar as tensões que impulsionavam a história. Mas achamos também que seria preciso usar a estatística, não como método principal, mas para verificar aquilo que fosse encontrado qualitativamente. Havia, porém, sérios obstáculos teóricos, ao menos para mim.

Desde que saíra da faculdade, eu sabia que a estatística era uma matemática inventada para medir fenômenos de natureza física e não biológica, tais como a posição das partículas dentro do átomo, cálculo de concreto etc. Nessas realidades físicas, a base é a aleatoriedade, e não o conflito próprio apenas dos organismos mais complexos como os biológicos. Era isso que Heisenberg dizia no seu prefácio ao livro de René Thon sobre a Teoria de Catástrofes. O conflito é um tipo de interação mais complexo que a simples aleatoriedade e próprio do funcionamento do domínio biológico. Quisemos então usar a Teoria de Catástrofes, muito na moda na época, mas a sua topologia era difícil e, assim, resolvemos apelar para a estatística.

O modelo de sociedade dos funcionalistas da escola americana não é o de uma sociedade em conflito, mas de um grande mercado que interage harmonicamente em graus. Para eles, a sociedade está em evolução, e não em conflito. Por isso, usam a estatística de maneira cada vez mais sofisticada. Por isso, também a estatística dá resultado em graus, em porcentagens, funciona. Eles não querem conhecer o que está em conflito nessa sociedade, e a estatística, respondendo dessa maneira às perguntas que eles fazem, não revela os conflitos. Por exemplo, ela funciona bem quando se quer conhecer as preferências da população, tomada como um todo, por dado produto ou dada tendência política, que são problemas unívocos e pouco complexos.

Mas e para o comportamento humano, que contém no seu núcleo a contradição? Não só o comportamento sexual, extraordinariamente complexo, como também outras formas de comportamento, como os projetos de vida, o comportamento religioso etc. Aqui os instrumentos estatísticos convencionais, com toda a sua sofisticação, nos parecem insuficientes. Seu peso, média, mediana, desvio tendem a ser muito mecanicistas. Não possuem aquela "sintonia fina" que permite detectar fenômenos mais complexos e individualizados.

Foi assim que resolvemos "quebrar" a estatística, para poder detectar comportamentos como os de classe dominante, por exemplo, que são determinantes para toda a sociedade, mas, como essa classe é numericamente irrelevante (menos de 1% da sociedade), seu comportamento não aparece nunca. Outro exemplo: dos grupos que possuem as mesmas variáveis socioeconômicas (escolaridade, renda etc.) mas que pertencem a lugares diferentes no sistema produtivo, como certos setores da classe operária, de um lado, e da pequena classe média, de outro, ou ainda desta e da classe média mais moderna e que, muito provavelmente, apresentam comportamento bastante diferenciado. Também nesse caso, essas diferenças não apareceriam nos métodos convencionais estatísticos.

Assim, devido a esses e outros problemas, resolvemos incluir entre as variáveis convencionais mais uma, a que chamamos *lugar no sistema produtivo*. Analisaríamos os resultados obtidos exatamente em relação a essa variável e não às outras. Esta variável determinaria com bastante rigor a classe social do(a) entrevistado(a). Por exemplo: os membros da classe dominante seriam definidos como proprietários de grandes empresas, diretores de multinacionais e estatais ou responsáveis pelo processo decisório no Estado ou no sistema produtivo. Os operários, como assalariados no setor secundário; os camponeses, como proprietários de minifúndios de um ou dois hectares; os operários do campo seriam definidos como empregados permanentes ou temporários dos latifúndios. E assim por diante.

Como dispúnhamos de pouco dinheiro, desejávamos entrevistar apenas as classes que produziam valor, que seriam estas três, a burguesia, o operariado e o campesinato. Sabíamos, porém, que estas três classes não esgotavam o universo das classes sociais e seus segmentos, como as classes dominantes rurais (donos de latifúndios), a pequena burguesia conservadora urbana, e que são muito numerosas nas cidades de médio porte do Brasil e da América Latina (pequenos proprietários, pequenos funcionários no setor de serviços etc.), o subproletariado, que é, como Paul Singer chama, o grande exército de reserva da classe operária, composto pelos desempregados, membros da economia informal de baixa renda, operários temporários da construção civil etc. E, principalmente, a classe média moderna, no sentido em que Poulantzas a define, que só aparece nos grandes centros e que é composta de profissionais liberais, estudantes universitários, executivos de maior porte nas grandes firmas, empregados de alto nível no setor terciário ou nas empresas mais sofisticadas, artistas, membros das áreas de comunicação, informática etc. São pessoas que não produzem valor mas que são essenciais, tal como o subproletariado para o funcionamento do sistema, como veremos no decorrer do presente trabalho.

Não era nossa intenção estudar nem a classe média moderna, porque ela não produzia valor, nem as outras classes, que nos pareciam menos importantes, nem o subproletariado. Isso ficaria para um próximo estudo.

Além disso, tínhamos pouco dinheiro e seríamos obrigados a realizar o estudo de cada classe num lugar diferente do Brasil. E também fizemos isso porque partíamos da hipótese de que, em qualquer lugar que fosse, o comportamento de cada classe seria semelhante. Isto é, partimos da hipótese de que os interesses de classe seriam mais importantes e determinantes do que as diferenças regionais. E isso queria dizer que os elementos de uma mesma classe teriam mais semelhanças do que diferenças, independentemente da região a que pertenciam.

Outra novidade era que considerávamos que a amostra num modelo de sociedade de classes poderia ser muito menor do que se tomássemos amostras representativas no modelo convencional de sociedade, pois supúnhamos que os comportamentos se repetiriam muito mais rapidamente do que dentro de um todo indistinto. A hipótese era de que as pessoas que pertencessem à mesma classe social tenderiam a ter interesses e comportamentos semelhantes, porque, se os interesses ou comportamentos mudassem, a pessoa mudaria de classe social. Por exemplo: um camponês com pós-graduação deixaria de ser camponês e passaria para a classe média; uma pessoa da economia informal que conseguisse emprego numa fábrica passaria a ser operário; uma mulher da classe dominante que perdesse os bens de produção para o marido num divórcio passaria para a classe média alta e assim por diante.

Isso era perigoso. Seria cutucar a onça com vara curta. Desde o início sabíamos disso. E, de fato, quando o livro saiu, o uso dessa metodologia gerou uma tremenda polêmica. Mas falaremos disso adiante.

O fato é que partimos dessas premissas: entrevistaríamos pessoas cujas características de classe definimos rigorosamente, escolhemos cada classe social na região em que ela se encontrasse mais concentrada e íamos ver no que dava. Nem sequer tínhamos um marco teórico prévio, a não ser a pergunta inicial de se a sexualidade variava com a classe social, porque achávamos que uma pesquisa dessas, que nascia da própria necessidade política e cultural daquele momento da ação, se tivesse um marco teórico prévio, poderia ficar presa dentro de uma camisa de força, e talvez não descobríssemos nada. Tomamos então outra decisão polêmica: o marco teórico seria definido no fim do trabalho, quando tivéssemos todos os resultados em mãos. Isto é, iríamos nós mesmos criar a nossa própria teoria! E mais: não queríamos fazer a pesquisa dentro da universidade. Considerávamos essa instituição um braço do Estado e, portanto, da classe dominante, o que implicava que só apareceria o novo na medida em que esse novo interessasse à classe dominante. Assim, fizemos a pesquisa numa instituição alternativa e livre, que era o Centro da Mulher Brasileira. Concretamente, isso queria dizer que estávamos fazendo a pesquisa do ponto de vista da mulher e do oprimido, já que a instituição que escolhemos era uma instituição de mulheres, autônoma, não ligada ao Estado. Assim, já tínhamos todas as precondições de fazer um trabalho questionador à teoria dominante, ao lugar dominante e ao sexo dominante. Era um pouco demais para o que iria acontecer depois, mas, no meu caso pessoal, satisfazia perfeitamente o meu gosto pelo desconhecido, de modo que me atirei de corpo inteiro ao trabalho.

Assim, escolhemos o operariado em São Paulo, por ser o estado mais industrializado do Brasil, e o campesinato em Pernambuco, o maior estado agrário do país. E a classe dominante foi escolhida no Rio de Janeiro, pois, na época, a televisão, especialmente a novela das oito, apresentava o comportamento dessa classe social como modelo a ser imitado por todas as outras classes sociais no restante do país; queríamos então conhecê-lo melhor.

A ideia era aplicar um questionário aberto com perguntas norteadoras a fim de conseguir algumas histórias de vida. Ao mesmo tempo, seria aplicado um questionário fechado controlado por uma escala de Likert. E tínhamos poucas pretensões. A pesquisa seria mais qualitativa que quantitativa.

Quando começaram a chegar os resultados, comparamos as respostas, e as coisas começaram a acontecer. Primeiro, apareceram discursos coerentes e recorrentes dentro das classes sociais. Havia realmente padrões de comportamento específicos para cada classe, e isso em trinta ou quarenta histórias de vida de cada classe escolhida. Como disse depois Marilena Chaui, as classes saltavam aos olhos! Depois, vieram os meus amigos tecnocratas da USP: "Você não pode ficar só com esses duzentos questionários. Precisa de uma amostra maior, um pouco mais representativa." Foi assim que, com um suplemento de verba do Fundo Nacional de Desenvolvimento Educacional do MEC, conseguimos aplicar quinhentos questionários fechados no Rio e outros quinhentos em São Paulo. Desistimos de Pernambuco porque ficaria muito caro. E o que aconteceu então valeu a pena todo o esforço.

Aplicamos os quinhentos questionários entre operários homens e mulheres em Osasco, na mesma população da qual extraímos o questionário pequeno. E uma coisa que nos ficara meio inexplicada nos resultados do questionário menor era que a amostra de homens operários apresentava muita dispersão. A amostra pequena de homens parecia perplexa, desorientada, sem valores. E ficamos pasmos quando, na amostra grande, apareceram as mesmas dispersões com relação aos homens e às mulheres, também os resultados seguiam de perto o que havíamos encontrado na amostra menor... Então, a nossa hipótese estava sendo validada.

E no Rio aconteceu melhor. As pesquisadoras ficaram de cabelos brancos porque não conseguiam encontrar na rua quinhentas pessoas da classe dominante. Não se achava ninguém dessa classe nas ruas como quaisquer mortais. Resolvemos entrevistar a classe que nos parecia aquela imediatamente inferior à classe dominante e que, pelas teorias convencionais, deveria aspirar pertencer a essa classe que lhe era imediatamente superior. Essa seria a classe média moderna, como definida por Poulantzas.

Eram essas as pessoas que se encontravam nas ruas da zona sul do Rio de Janeiro (Copacabana, Ipanema, Leblon). E o resultado foi surpreendente: as respostas dessas quinhentas pessoas não tinham nada a ver com o resultado do questionário menor aplicado aos sessenta homens e mulheres da classe dominante! Tínhamos, simplesmente, entrevistado outra classe social! E uma classe social tão importante que passou a ser o analisador de todas as outras classes anteriores. Atiramos no que vimos e matamos o que não vimos! Mais uma vez nossa hipótese estava validada!

À luz do que encontramos sobre a classe média moderna, mudamos completamente nossas ideias sobre as outras três classes, que seriam as classes diretamente produtivas e, portanto, as mais importantes!

E é todo esse caminho que percorreremos a seguir nesta primeira parte sobre a sexualidade e na segunda, sobre sexualidade e poder, sem o qual eu não teria podido viver os seis meses em que fui homem.

PRIMEIRA PARTE

SEXUALIDADE

4. SEXUALIDADE MASCULINA

Na pesquisa que realizamos, havia três blocos de perguntas — um se referia ao corpo, outro, à sexualidade propriamente dita, e outro, aos papéis sexuais. Havia mais dois: um sobre o trabalho e o outro sobre a política, em que justamente ligávamos a representação da sexualidade à representação do poder. No entanto, a parte que mais assustou os homens e as mulheres que entrevistamos foi a relativa ao corpo.

A primeira pergunta era: "Você gosta do seu próprio corpo? Por quê?" A grande maioria dos homens custou muito a responder. Inclusive os entrevistadores homens ficavam inibidos em fazer tais perguntas. Foi preciso, mesmo, que repetíssemos ao menos três vezes a aplicação do questionário entre operários e camponeses com outros entrevistadores para que pudéssemos colher deles algumas respostas sobre seu próprio corpo.

"Corpo é coisa de mulher", dizia um camponês da Zona da Mata (Pernambuco), "e eu não vou ficar aqui *se* ajeitando, *me* alisando que nem uma mulher." *Se* ajeitando, na terceira pessoa; portanto, *ela* mulher; *me* alisando, na primeira, portanto, *eu,* homem. "Ajeitar" lembra pentear o cabelo, mas "alisar" lembra alisar o pênis, masturbar-se. De fato, os homens falavam com grande desenvoltura do seu pênis, das suas experiências sexuais, mas eram muito inibidos no que dizia respeito ao corpo como um todo. E, embora possa parecer estranho à primeira vista, eles sempre se referiam ao próprio corpo na terceira pessoa: "ele": "*Ele* vai, *ele* vem, *ele* sente calor, *ele* sente prazer..."

"Ele vai, ele vem", tal como o pênis no ato sexual. Essa afirmação de um rico burguês carioca vem reafirmar a identificação que os homens fazem do seu corpo com uma parte dele, o pênis.

E, enquanto os homens faziam esse corte entre pênis e corpo, corte esse que vinha simbolizado pela terceira pessoa, pelo impessoal, as mulheres chamavam o seu corpo de *eu*; "eu gosto", "eu ando", "eu vou"..., isto é, identificavam-se com ele. Não havia distância entre elas e seu corpo. Ao contrário dos homens, elas *eram* seu corpo.

Essa distância, esse corte entre o pênis e o resto do corpo, era a raiz primária de um outro corte que é o próprio fundamento da nossa cultura ocidental: o corte entre o corpo e a mente. Para os entrevistados e possivelmente para a grande maioria dos homens desta nossa cultura, o corpo é visto em nível inconsciente como mero apêndice do pênis. O corpo, instrumento de poder ou de ação, era mero seguidor do pênis, o instrumento do prazer; ao passo que, para a mulher, que não tem pênis, o seu corpo era o seu próprio ser.

Ora, essa percepção primária do corpo, tanto de homens quanto de mulheres, foi um dos raros elementos que atravessou na pesquisa todas as classes sociais. Nesse caso, havia uma clivagem entre os sexos, e não entre as classes, como acontecia na maioria das outras perguntas, e foi isso que nos fez pensar que o corte pênis/corpo poderia ser um invariante em nossa cultura. Um estudo mais detalhado começou a mostrar que essas percepções divergentes do corpo do homem e da mulher seriam não biológicas, mas fabricadas (ver capítulo 12). A partir daí pudemos levantar a hipótese de que também a sexualidade poderia ser fabricada pela cultura. Mais tarde vimos o nexo que isso tinha com o sistema econômico e como esse fazia das nossas sexualidades masculinas e femininas o próprio combustível com o qual se alimenta.

Como se dá, então, a fabricação dessas percepções?

Aqui podemos apelar para a teoria da castração de Freud.

Desde o momento do nascimento, tanto meninos quanto meninas são visceralmente ligados à mãe; ambos a desejam só para si. Para ambos ela é a fonte do alimento ou da fome, do prazer ou da dor, da vida ou do abandono, que significa a morte.

Mas, para o menino, essa situação começa a mudar por volta dos quatro anos de idade. O menino, que quer possuir a mãe, vê o pai entrar na relação, sente-se ameaçado e por isso deseja matá-lo. Ele, no entanto, é pequeno e se sente impotente para realizar o seu desejo, e sente-se culpado pela sua agressividade. Por isso, projeta-a sobre o próprio pai: "Meu pai quer me matar, isto é, cortar o meu pênis, o meu objeto de prazer."

E o medo é tamanho, a culpa e a agressividade reprimidas são tão fortes que, a partir de então, a criança/homem retira a sua libido do objeto de amor e prazer que é a mãe. Daí em diante, o filho continua amando e respeitando a mãe em alguns casos, ou desprezando-a em outros, mas em ambas as hipóteses ele aprende a dessexualizar a sua relação com ela. A partir de agora ele tem que se identificar com o pai. E aqui vimos um fato que Freud não podia ver: para o menino, o pai é um opressor, e não um aliado. Nas famílias mais convencionais, a mãe se submete ao desejo do pai, ele a domina. Para o tempo de Freud, isso era "natural" e, por isso, invisível. Hoje não é mais assim, e por isso pudemos ver como o filho acaba se identificando com o opressor. E essa identificação vai ser decisiva para o resto de sua vida

Daí em diante, para o homem, desejo e amor se separam, como o pênis se separa imaginariamente do corpo — e muitas vezes ambos virão a opor-se, como o corpo se opõe à alma. A libido masculina se fragmenta e, com ela, a percepção que o homem tem do seu corpo. E essa fragmentação vem também a atingir, além da percepção de si mesmo, a que ele tem dos outros e do mundo. E o resultado disso, como veremos em todo o decorrer deste livro, é uma sociedade fragmentada em classes, uma cultura explodida em categorias, em especializações, em artes, ciências, religiões etc. Tudo passa a se fragmentar ao infinito no decorrer dos séculos, pois o mundo em que vivemos é um mundo patriarcal e, portanto, a projeção do desejo do homem, o sexo dominante, o corpo dominante.

E concordamos com Freud quando ele diz que o medo da castração será o fantasma masculino básico. Pela vida afora, qualquer entrega será percebida pelo homem, no mais fundo do inconsciente, como uma derrota, porque será entregar os pontos, ceder à ira do pai que quer castrá-lo. Doravante, a entrega do amor será quase impossível. Ele conceberá o amor e a relação com a mulher como um jogo de poder, porque entregar-se seria confessar sua fraqueza diante do mais fraco.

Nas páginas finais do seu livro *Análise terminável e interminável*, Freud afirma que é muito difícil analisar os homens, porque eles têm grande dificuldade em confiar no analista, "dar o braço a torcer", por causa desse "rochedo da castração". À medida que a análise vai se aprofundando, o homem vai regredindo em suas emoções até chegar a essas lembranças traumáticas da infância, e aí para: nada mais consegue fazê-lo andar no caminho do autoconhecimento e da autossuperação.

A libido masculina dividida vai poder, então, apegar-se a vários objetos ao mesmo tempo. Vai ser capaz de sublimar melhor que a mulher os seus impulsos primários, isto é, dirigi-los para outro fim que não o prazer corporal. Com isso, o homem aprende a inserir-se no mundo, a trabalhar, a construir a história. Sua libido vai orientar-se para a ambição e o poder, que ele julga serem os próprios antídotos para a morte. Obter o poder é vencer o desafio colocado pelo pai todo-poderoso.

E o grande instrumento de poder sobre os outros é o saber. Saber é poder. E, assim, no decorrer da história, ampliam-se o conhecimento, a ciência, a tecnologia, que facilitam a obtenção do poder. E, junto com essa capacidade de manipulação das estruturas e das pessoas, portanto, a violência, as guerras se tornam fundamentais para a manutenção do mesmo poder. Enfim, a libido do homem em sua maior parte vai se dirigir para o funcionamento do sistema, especificamente o setor público.

E nesse sistema, que é a projeção do seu próprio corpo fragmentado, o homem aprende a dividir o mundo em classes, clãs, correntes de pensamento que se opõem. Dividir para reinar. Para não se entregar. Para dominar. E, consequentemente, se a libido masculina está tão ocupada na produção da sua própria sobrevivência e na luta contra os outros homens, muito pouco sobra para a mulher.

5. SEXUALIDADE FEMININA

Como já vimos, as mulheres tendem, ao contrário dos homens, a chamar seu corpo de *eu* e não de *ele*. Em vez de colocarem uma distância entre elas e o próprio corpo, identificam-se com eles. "Eu ajo", "eu vou", "eu sinto". "Eu sou meu corpo." Isso porque não colocam distância entre o seu órgão sexual e o resto do corpo. O sexo da mulher é oculto e não aparente como o do homem. E, em nossa cultura, este é um fato muito desvalorizado.

O sexo aparente é supervalorizado porque o homem, portador do pênis, é também o detentor do poder econômico e social. O pai possui a mãe e ela se submete a ele. E já vimos que, tanto para o menino quanto para a menina, a mãe é a fonte de todos os prazeres e de todas as frustrações, porque, em nossa cultura, até muito recentemente, o pai não dividia com a mãe o cuidado da criança.

Logo a criança, menino ou menina, percebe que a mãe segue o desejo do pai e não o dela (criança). E vimos como esse fato faz o menino separar-se traumaticamente da mãe e dessexualizar a sua relação com ela. E como daí em diante o desfecho mais ou menos satisfatório do processo edipiano vai influenciar decisivamente na relação que mais tarde o homem terá com todas as mulheres.

Com a menina acontece o oposto. Quando o seu sistema nervoso central já está maduro para trocar de objeto sexual, ela começa a querer o pai só para si. Neste ponto, a mãe entra na relação, mas essa menina, em sua fantasia, já nasceu castrada. Não tem nada a perder, não se sente ameaçada de morte pela mãe. Embora a hostilize porque ela entra na sua relação com o pai, tudo se passa de maneira muito menos violenta do que com o menino. Não há grandes rupturas, e por isso a menina continua visceralmente ligada à fonte arcaica do prazer. Porque é mulher e um dia será mãe, ela não se desliga do corpo da mãe.

Por isso, a mulher não faz uma ruptura tão forte quanto o homem entre corpo e mente, entre razão e emoção, entre desejo sexual e afeto. Por isso também sua libido se divide muito menos que a do homem. Segundo Freud, ela teria menos tendência que o homem a sublimar, a generalizar, a criar artisticamente ou a se dedicar a abstrações ou à técnica.

Nesse contexto, a mulher se dedicaria prioritariamente ao domínio do amor, e o homem, ao domínio da construção do mundo. A mulher se restringiria ao cuidado dos filhos e da família (domínio privado) e o homem, ao domínio público. O amor seria então a finalidade máxima da vida da mulher, mas não da do homem!

De fato, vimos que até muito recentemente a mulher considerada verdadeiramente feminina era a mulher silenciosa, passiva e sexualmente frígida, embora terna e amorosa. Para ela, sexo seria algo sujo, e o desejo, coisa de homem ou de prostituta.

E a origem mais antiga desse estereótipo está no próprio surgimento do patriarcado; porém a mais recente e que influiu definitivamente na exacerbação da passividade feminina em tempos mais modernos está em plena Idade Média.

Durante os quatro séculos (XIV a XVIII) que antecederam o aparecimento do sistema capitalista, foram queimadas milhões de mulheres (as bruxas) simplesmente pelo crime de serem mulheres orgásticas e possuírem um saber próprio. Liberdade sexual e o domínio do saber sempre foram os dois pilares da supremacia masculina. Por isso, a partir dessa época, mulheres que transgrediam as fronteiras da sexualidade e do saber pagaram por essa ousadia com a morte.

E *pour cause*: a raiz das transformações da nossa cultura e do nosso sistema econômico que estão acontecendo a partir da segunda metade do século XX repousa na transgressão maciça que as mulheres estão fazendo dessa dupla fronteira. Hoje a busca do sexo fora do casamento e a busca do saber e do mercado de trabalho são feitas pela mesma mulher jovem. Uma revolução invisível cujas consequências são as mais profundas para a nossa cultura e para o sistema econômico já está, portanto, em processo. Por isso, tais transgressões do saber e da sexualidade sempre foram as que mereceram as mais pesadas sanções.

Segundo os cânones tradicionais desses últimos séculos, às mulheres ainda estaria vedado o domínio das grandes generalizações e dos grandes voos teóricos, reservados exclusivamente aos homens. Ciência, arte e religião seriam domínios mais masculinos, porque às mulheres estaria reservado o domínio do *concreto*, que lhes permitiria resolver melhor os problemas imediatos do cotidiano, e o da *intuição*, que lhes facultaria uma relação mais profunda com as crianças sob seu cuidado.

Essa fragmentação convencional, porém, que coloca a mulher no domínio do privado e o homem no do público é causa de um curioso fenômeno. Como a libido feminina é menos dividida que a do homem, a mulher, quando se apaixona por um homem, praticamente aplica toda essa libido sobre esse homem. E, à medida que seu comportamento vai regredindo a posições mais infantis, mais ela vai aprofundando o seu desejo por ele. Isto se passa ao contrário do que acontece com o homem: à medida que ele mais vai amando a mulher, mais vai perdendo o seu desejo por ela, por causa das lembranças traumáticas do medo à castração. E assim acontece o fenômeno que só atualmente chega à nossa consciência de homens e mulheres. Se, no homem, amor e desejo tendem a opor-se, na mulher, amor e desejo tendem a integrar-se. E, a partir de um certo ponto, isso traz conflitos na relação homem/mulher que até agora ficaram ocultos por causa da dependência econômica da mulher em relação ao homem. Porque a esposa era dependente do marido, era obrigada a aceitar essa situação de frustração. Mas hoje, na medida em que a mulher já pode expressar livremente os seus sentimentos e as suas emoções, ela começa a reivindicar do homem um aprofundamento de relação que ele não pode lhe dar. O que nos faz perguntar, então, como agem em conjunto tanto a sexualidade feminina quanto a masculina?

6. SEXUALIDADES FEMININA E MASCULINA

Se analisarmos ao mesmo tempo o que acontece com a sexualidade feminina e masculina dentro de uma relação homem/mulher, de acordo com o que vimos nos capítulos anteriores, em geral teremos o seguinte quadro: do lado do homem, quando ele se apaixona por uma mulher, no início sente grande desejo por ela. E, à medida que seu comportamento vai regredindo a níveis mais infantis, a relação vai se aprofundando, ele vai diminuindo seu desejo por ela e aumentando o afeto, isto é, vai dessexualizando a relação porque vai identificando a mulher com a mãe, seu primeiro objeto de amor. Pouco a pouco vêm-lhe à lembrança as vivências traumáticas do processo edipiano. E chega um ponto em que ele afasta a mulher com medo da morte. No auge do amor, o homem procura fugir da relação, porque procura fugir da entrega. Para ele, entregar-se é morrer, é ceder ao pai todo-poderoso.

É nesse momento que o homem está mais vulnerável. Está perplexo, perdido. E, nos dias de hoje, está dominado pela confusão que lhe causam os valores antigos, que não o satisfazem mais, em choque com os valores novos, que ainda o amedrontam.

Por outro lado, a mulher, que não viveu esse corte entre o afeto e o desejo corporal, sente-se cada vez mais próxima do homem, quer "aprofundar" a relação, ao passo que o homem quer fugir de qualquer aprofundamento. Ela sente-se cada vez mais realizada, cada vez mais segura de si, seu desejo vai se intensificando mais e mais. E, portanto, passa a exigir mais aquilo que o homem cada vez menos pode lhe dar: intimidade.

Em resumo, podemos dizer que, quando um homem se apaixona por uma mulher, ele tem muito tesão por ela. E esse tesão vai diminuindo à medida que vai se aprofundando o afeto. E esse tesão tende a cessar quando o afeto é mais profundo, ao passo que a mulher vai aumentando o tesão pelo homem à medida que vai gostando mais dele.

Se fôssemos fazer um gráfico do que está acontecendo agora, ele teria mais ou menos a forma da página seguinte.

Do lado esquerdo de ambos os desenhos, estão as mães do menino e da menina. Ambos, menino e menina, ligam-se a ela visceralmente; ela é o seu primeiro objeto de amor (igualmente representado por um traço contínuo para ambos os casos). Aos quatro anos mais ou menos, o menino sofre o corte da castração imaginária e a libido se divide. Conforme vemos, a maior parte desta libido se sublima, derivando para o mundo do trabalho, da ciência, da arte, da religião, do pensamento abstrato, da violência, da guerra, enfim, de tudo aquilo que constitui o núcleo do mundo público. E apenas uma pequena parte desta libido se dirige à mulher, uma vez que ele dessexualiza (isto é, divide afeto e desejo) a sua relação com a mulher (traço pontilhado).

Na outra ponta do gráfico está a mulher por quem ele se apaixona quando adulto. À medida que seu sentimento vai se aprofundando, ele vai diminuindo o desejo até chegar perto do "rochedo da castração". Aí o seu sentimento para: não consegue atravessar esse túnel. Representamos esse sentimento pelo traço que primeiro é contínuo e depois vai se tornando pontilhado. Só com muito trabalho psicológico e muito amor é que o homem poderá vivenciar de maneira mais positiva as fases mais arcaicas das quais está desligado. Há tempos vi um programa de TV em que era entrevistado um psicanalista que, ao que parece, chegara à mesma conclusão: "Quando o homem começa a gostar", dizia ele, "o tesão é grande. Quando aprofunda o sentimento, ele tende a brochar. E depois, para voltar a ter tesão, haja terapia".

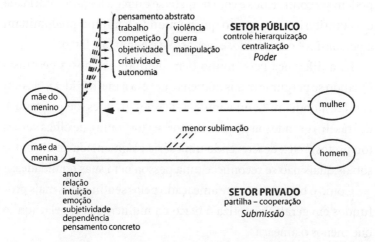

Já para a menina, em que a castração não é tão forte, o traço que a liga à mãe a liga também ao homem que ama. E, portanto, quanto mais o ama, mais o seu comportamento vai regredindo e, como sua libido sublima menos, vai voltando às formas mais integradas de sentimento e desejo. Por isso, o seu traço é um traço contínuo. Embora haja o corte da castração, pois todo ser humano tem como especificidade que o distingue dos outros animais a capacidade de abstrair, isto é, de sublimar, esse corte na mulher é muito menos violento do que no homem. Então, à mulher, fica atribuído pelo sistema o domínio do amor, da subjetividade, da emoção, do cuidado do outro da relação, da afetividade.

Comparando os dois esquemas, vemos que o homem é mais dissociado (fragmentado) e vê as coisas quantitativamente, ao passo que a mulher, mais integrada, tende a unir inteligência e emoção e, portanto, a ater-se mais ao qualitativo. Por isso ela prefere o mundo da partilha e da entrega (amor) ao da competição (poder), em que os outros são vistos como objetos (objetividade) manipuláveis que podem ser controlados e com os quais se exerce a força, a autoridade e o autoritarismo, ao passo que no mundo feminino predominam a persuasão e o consenso, e o controle é bem mais lasso.

Essa diferença ficou muito bem-definida em nossa pesquisa. Quando se perguntava aos homens qual era a mulher ideal, eles em geral respondiam: "É uma mulher de seios grandes (ou pequenos), de traseiro grande (ou pequeno), morena (ou loura), de olhos verdes (ou pretos)" etc., descrevendo uma série fragmentada de atributos sob os quais não se reconhece uma pessoa nem suas qualidades.

Como o homem se sente ameaçado pelos sentimentos mais profundos em geral, ele erotiza o físico da mulher, que é, nela, aquilo que menos o ameaça.

Já para as mulheres, o quadro é diferente. Como elas têm menos medo do afeto que o homem, em geral definiam o homem, em nossa pesquisa, em termos de qualidades "internas": "Quero um homem forte (ou sensível), trabalhador (ou poeta, por exemplo) que me ame e ame os filhos etc." E assim se pode ver as qualidades que definem um ser humano. A mulher com o sexo para dentro (oculto) prefere geralmente as qualidades internas, e o homem, com o sexo aparente, prefere em geral as características físicas.

Neste ponto coloca-se então a pergunta: como resolver essa oposição, essa contradição entre os desejos do homem e da mulher? Agora podemos ver que a sexualidade masculina e a feminina, ao contrário do que se pensa, não são convergentes, isto é, não "casam", são divergentes, vai cada uma para um lado. Quando o homem quer desejo, a mulher quer amor e, quando a mulher quer desejo, o homem quer amor, e amor incondicional porque ele está fragilizado.

E então, como fazer?

7. ALGUNS EXEMPLOS DO IMPASSE

Antes de mais nada, a fim de bem compreendermos esse impasse, vale a pena contar algumas histórias que possam ilustrá-lo.

Um amigo casou-se várias vezes com mulheres mais novas e dependentes. Sua escolha era mais pela aparência física, como a maioria dos homens. Mas, por ser ele um intelectual, ficava logo decepcionado e procurava sair da relação. Um dia, apaixonou-se por uma mulher mais velha, tão inteligente e sensível quanto ele, além de independente e cheia de criatividade. Quando o amor foi crescendo, ele fugiu. Ela morava no Rio e ele, em São Paulo. E, um dia, a mulher veio bater à porta dele, com malas e tudo. Ele ficou apavorado e a mandou embora. Até hoje confessa que aquela paixão abrira novas perspectivas para ele, uma nova visão da vida, do amor e do poder. A vida adquirira outra intensidade, mas ele ficou com medo de se desestruturar, isto é, de perder o controle.

— Gostaria que você contasse a minha história. O homem tem muita dificuldade em lidar com o amor. Eu, no fundo, preferia as mulheres burras e dependentes. Tinha medo de que alguém do meu nível viesse a competir comigo...

E concluiu:

— Acho a condição do homem uma merda. A ele é vedado o amor, e por isso lhe é vedado o melhor da vida. Só lhe resta o poder, e o poder é a não vida...

Isso não quer dizer, contudo, que ao homem não seja vedado o prazer. Ao contrário. Ele sente muito prazer, mas um prazer fragmentado, é desejo desligado do afeto. Chamaremos de amor, ou melhor, de êxtase o afeto integrado com o desejo. Ele não é localizado, é diluído no corpo inteiro. Quando, por ocasião do processo edípico, o menino corta imaginariamente o pênis do corpo, hipertrofia o pênis e atrofia o corpo. Por isso, o corpo masculino é mais anestesiado que o da mulher; ao contrário do homem, ela tem prazer sexual no corpo inteiro, muitas vezes até em detrimento do próprio orgasmo localizado. Por isso, muitas mulheres consideradas inorgásticas não o são de fato, pois sentem profundo prazer físico na relação com o homem que amam, mas é um prazer não localizado e difuso pelo corpo inteiro.

Essa distinção entre êxtase e prazer define bem a diferença de como homens e mulheres sentem o amor. O prazer pode ser considerado sinônimo de tesão, desejo, e por isso a sexualidade masculina se localiza na genitália. O êxtase seria aquele "sentimento oceânico" que caracteriza a díade mãe/filho da fase pré-edípica do nosso gráfico. A mulher não tem medo desse amor integrado com o desejo, mas o homem tem, e por isso, como já vimos, dificilmente chega a essa intensidade de integração. E isso acontece a tal ponto que os psicanalistas homens (como Serge Leclaire, por exemplo, em seu livro *O corpo erógeno*) afirmam que esse sentimento é patológico! E muitas vezes conseguem que as mulheres se sintam culpadas por sentirem esse prazer "patológico". E, assim, em vez de possibilitarem a integração do homem, colocam a mulher em padrões masculinos de dissociação!

O pênis levanta mesmo que o homem não esteja emocionalmente envolvido e, muitas vezes, levanta justamente por causa disso. A mulher ideal para o homem é a mulher "gostosa", aquela que "fala ao pau". Ela é o outro lado da "outra", a santa esposa que o aguenta em casa com todas as suas aventuras. Na década de 1950 — sim, porque esse tipo de homem era muito mais encontrado na década de 1950 do que hoje — conheci uma mulher casada com um homem muito mulherengo, que afirmava:

— Não tem importância que ele me traia. Porque é no meu ombro que ele vem chorar as mágoas, é no meu colo que ele fica doente e que um dia vai morrer...

Aí está o exemplo típico do masoquismo feminino, da passividade e do conformismo. Essa seria, para Freud, a mulher perfeitamente feminina.

Daí a afirmação popular de que "o homem tem mais desejo que a mulher", que ele "faz sexo com mais frequência que a mulher". Mas, afinal, com quem ele faz sexo se não com a mulher? E, finalmente, existe o preconceito de que o homem é polígamo e a mulher é monógama. E mais: "há sete mulheres para cada homem", "tem mais mulher que homem no mundo" etc. No entanto, se consultarmos o Anuário Estatístico da ONU, veremos que o número de mulheres e de homens é praticamente igual no mundo inteiro. Então, por que esses preconceitos? Cremos que eles existem simplesmente para desvalorizar as mulheres e valorizar o homem tornado artificialmente "escasso"!

De fato, com seu ser dividido, o homem casado, quando se apaixona por outra mulher, em geral, se a esposa não sabe ou não reclama, fica com as duas. Já a mulher, quando se apaixona, por ser mais inteira, tende a largar o marido e os filhos e seguir a sua paixão. Sei de um caso em que, por esse motivo, a mulher perdeu a guarda dos filhos, mas continuou a nova relação, pois estava "possuída" por sua paixão.

Quando o homem trai, ele o faz sem culpa e rotineiramente, porque está acostumado a isso. Em geral, quando a mulher trai, é porque quer ficar suficientemente forte para deixar o casamento. E em geral sente muita culpa. Outro dia, duas amigas comentavam:

— Eu corneei muito meu marido, mas era porque queria deixá-lo.

E, para seu espanto, a outra respondeu:

— Eu também...

Outro caso comum é o da relação "gata e rato". Quando a relação se aprofunda, o homem rejeita a mulher. Quando esta, finalmente, aceita que é rejeitada, acaba indo embora. E aí ele corre de novo atrás dela... E tudo isso com muito sofrimento, muita confusão de ambas as partes. Até chegar a uma distância conveniente. Outro amigo me confessou que encontrara uma mulher, tivera um caso muito intenso e estava passando mal. Ela, que morava em outro estado, não tinha esse problema: estava muito feliz, e por isso veio atrás dele; ele, apavorado, a rejeitou. Dois meses depois casou-se com outra moça que, segundo me afirmou, não amava muito, mas seria uma boa esposa.

A diferença que fazemos entre êxtase e prazer, como já vimos, incomoda muito os psicanalistas homens, que acham que um afeto muito intenso viria a dissolver os limites do ego. A nosso ver, essa é uma fantasia masculina, pois ninguém é criancinha na idade adulta e nenhum ego se desfaz com o afeto, ao contrário, cresce... Pelo menos, é assim que nós, mulheres, sentimos.

Essa insegurança do homem o faz procurar mulheres infantis e dependentes, que eles consideram "o repouso do guerreiro". Por ser dividido, o homem se define sexualmente pela quantidade: quantas mulheres teve, quantos atos sexuais fez por noite, "quantas" deu sem tirar de dentro... E vai até a esquina se gabar com os outros. Minhas amigas atrizes de grande beleza contam que muitos homens dizem que foram para a cama com elas e elas nem mesmo os conheciam. É só "papo". A competição sexual faz parte da competitividade geral.

No que se refere à mulher, ela só consegue se entregar a um homem quando está apaixonada por ele. Por isso, quer "aprofundar" a relação. E a essa sua "profundidade" (sexo oculto) corresponde a superficialidade do homem (sexo aparente). E, se o homem se interessa pela quantidade, ela, em geral, se interessa pela qualidade da relação, e a ela tudo sacrifica. Como já vimos, ao contrário do homem, cuja sexualidade se localiza no pênis, a sua se difunde pelo corpo inteiro. Ela é dotada de mais zonas erógenas do que o homem e de um aparelho reprodutor mais complexo, o que aprofunda muito o seu prazer corporal. Enquanto o homem possui um pênis e dois testículos, ela tem dois seios, uma vagina, útero, dois ovários, menstruação, hímen, é deflorada, concebe filhos várias vezes, engravida, dá à luz, amamenta várias vezes, e no fim da vida reprodutiva ainda passa pela menopausa. Ora, isso tudo torna o seu corpo e sua psique muito sensíveis.

Mas a pergunta que continua sendo feita aqui é: por que todo esse desencontro?

Com o que acabamos de ver, já podemos começar a dar a resposta: se homens e mulheres tivessem uma sexualidade complementar, que realmente casasse uma com a outra, o sistema simplesmente deixaria de funcionar. Vimos que, no estágio em que estamos, grande parte da libido masculina vai para o domínio público, enquanto a da mulher se dirige toda para o domínio da relação, do amor, do privado. Isto é, as duas libidos se dirigem justamente para o lugar que o sistema lhes aloca. E é da insatisfação sexual e afetiva de ambos que ele se reproduz. Por isso, fica mais clara a afirmação popular de que "para a mulher, o amor é tudo, e para o homem, uma coisa entre muitas outras". Se o homem não fosse frio, racional e calculista, não conseguiria competir. Conheço um rapaz desses mais modernos, mais sensíveis e mais integrados que vivia brigando com a namorada, e quando brigava não conseguia trabalhar porque ficava deprimido. Em outras palavras: se o homem amar, o seu trabalho se prejudica. E o rapaz em questão era diretor de uma empresa de grande porte. Era muito diferente de seu pai, que dobrava as multinacionais: o velho era durão, frio, calculista, por isso ficava cada vez mais rico. O filho chegou a pensar que era incapaz, mas era apenas um ser humano de outro tipo. O pai, porém, o considerava um "bunda-mole".

Já a mulher, por causa de uma relação profunda, não enxerga as besteiras que faz em termos de produção. Conheço uma que se casou com um homem bem-colocado. Mas que fingia um status que não possuía para conseguir ganhar dinheiro. Ela construiu para eles uma casa junto à praia, em grande parte com suas próprias economias. Mas, embora fosse próxima ao mar, ele queria uma piscina, por causa do status. E fizeram a piscina. Depois, quando ele teve câncer, tiveram que vender tudo, para que ele tivesse os melhores médicos, os melhores hospitais, conforme pediam o seu status e o amor da esposa. E ela é hoje uma pequena assalariada. Acaba de recusar proposta porque "não me sentiria bem trabalhando com o sr. Fulano..."

Esses dois casos são tirados do cotidiano de cada um de nós e, se você souber olhar o seu, vai encontrar exemplos da descontinuidade homem/mulher a cada minuto. E só ter olhos para ver.

Mas a primeira lição que se pode tirar da análise desses casos é que, se o homem se deixar dominar pela emoção, "perde o controle" de si e do sistema produtivo. Por isso, a mulher não se dá bem nesse sistema. Porque ela vai inteira, com emoção e razão, e apronta as maiores confusões: se cansa, desanima, ou então fica eufórica demais, fala demais, e por aí vai. Só tem sucesso o frio, o calculista, o silencioso, o que sabe fingir, o que só fala o que o outro quer ouvir, o que sabe mentir sem culpa. E, por isso, Ronaldo Carneiro da Rocha, meu sócio, me disse um dia: "Você só vai ser empresária quando estiver pré-infartada e com úlcera como eu... Até lá, não entra no nosso clube. Você é muito emocional..."

A segunda lição é a do status. O homem sacrifica tudo por ele, pela aparência. A mulher se interessa pela qualidade da relação, e a ela sacrifica o status. O homem não. Se perder o status, perdeu tudo. Sacrifica qualquer relação, pois é com o status que ele compete. Só se estiver acima de qualquer suspeita é que pode esnobar o status. Se não... Antes que possa fazer isso, mesmo que ganhe pouco vai ter que vestir ternos caros, usar perfumes franceses e muitas vezes passar fome, como aconteceu com um jovem amigo que não podia perder o status no mercado financeiro.

Já a mulher sacrifica tudo por um amor e não percebe o quanto está sendo autodestrutiva. E sempre paga o preço. Porque é muito emocional, não consegue "pegar o pião na unha" dentro do sistema produtivo, e porque não se preocupa com o status, fica nas posições subalternas. Costumo dizer que os homens fazem um trabalho pequeno e fazem dele um alarde enorme, enquanto as mulheres executam um trabalho proporcionalmente muito maior e não fazem barulho nenhum. Ficam silenciosas. Por isso, sempre saem prejudicadas.

A mulher vai íntegra, seja para o mundo da relação, seja para o mundo do trabalho. Quando um fica desequilibrado, o outro fica também. E por isso que ela em geral prefere o mundo da relação ao do trabalho. E sempre é ela que larga a carreira, que se sacrifica a si mesma e à sua criatividade, e não o homem.

Na hipercrise em que estamos, eu estava falando ao telefone com um amigo. Ligara para a sua casa e ele não me ligara de volta. E se desculpou: "Sempre deixo a minha agenda no trabalho porque minha mulher tem muito ciúme... Nesta crise, se não forem os meus passeios, o que é que me sobra?" "Ora, Rodrigues", respondi, "eu não tenho nem isso, porque sou mulher... Não consigo transar por transar. Minha sexualidade está toda na cabeça nesses tempos tão difíceis. Se não, não consigo resolver os problemas de sobrevivência, e por isso estou brocha..." Ele achou graça, trepava por descarga de tensão. Não se envolvia. Só sentia tesão. O homem trepa para descarregar a tensão, a mulher só consegue fazer amor relaxadamente. Se fica tensa, fica brocha, ao contrário do homem: ao que parece, essa tensão aumenta o tesão...

E, por incrível que pareça, é por esse mesmo motivo que os homens são casadouros e as mulheres não. Quando o casal se separa, o homem casa de novo, em geral pouco depois, e a mulher não. Por quê? Um amigo psicanalista me deu a chave da questão: o homem faz muito mais síndrome de abandono do que a mulher. Enganado por sua ilusória plenitude, ele não trabalha a dependência profunda que tem da figura da mãe e que a esposa representa. Por isso, quando ela o abandona, levando consigo toda a estrutura da casa, filhos, ele se vê absolutamente só e o que lhe resta recompor o ambiente familiar.

Enfim, quem pede quase sempre a separação é a mulher, mas não é ela, em geral, quem casa outra vez. Ao contrário, nos consultórios dos psicanalistas há muitas mulheres deprimidas porque não encontram outros companheiros, mas a verdade não é essa. Como é que o homem encontra logo outra companheira? A verdade é que a mulher quer se apaixonar, quer viver de novo o êxtase, ela não faz sexo para ter companhia ou para ter família como o homem. Ela quer voltar a viver o grande amor. Por isso não responde à paquera dos homens por quem não está apaixonada.

Por isso ela não casa. Não porque não seja desejável, mas porque inconscientemente é muito exigente. Vi dois homens virem da Europa para casar com uma amiga minha e ela fugir deles como o diabo da cruz simplesmente porque não estava apaixonada. Ela tinha quase cinquenta anos e era uma intelectual. O ex-marido dela já casara há muito tempo e tinha mais três filhinhos pequenos, além dos dois já grandes que tivera com ela...

Assim são homens e mulheres...

Também a mulher não pode ter uma relação com um homem por causa de dinheiro, a não ser que libidinize o dinheiro. Vi muitas mulheres deixarem homens riquíssimos e casarem com pobretões simplesmente porque não lhes passava pela cabeça o status, muito ao contrário das mulheres de antigamente, que eram vendidas pelos pais, sem amor, por dinheiro e achavam perfeitamente natural. E, se os seus homens tinham outras mulheres fora de casa, elas não ligavam, achavam normal. Havia um arranjo entre eles de que certas cobranças delicadas não seriam feitas, e por isso seus casamentos permaneciam estáveis. Assim era e assim deveria ser. Questionamentos, nem pensar...

Em suma, o que quero dizer é que o homem, dividido como é, só tem acesso ao prazer; a mulher, por ir de corpo inteiro, tem acesso a um prazer maior, como diz Lacan, que vai para além do falo, que fala para além do poder, mas que, como já vimos, é muito nocivo a ela do ponto de vista do sistema. E assim ficam os dois incompletos — ele, na área do afeto e ela, na área do trabalho.

Outra coisa a ser questionada aqui é o maior narcisismo da mulher em relação ao homem. Narcisista e egocêntrico é ele, e não a mulher que sacrifica dinheiro, carreira, posição por um amor ou não se divorcia muitas vezes esperando os filhos crescerem... A "perda narcísica" é maior na menina do que no menino.

Mas a leitora, e principalmente o homem que estiver lendo este livro, pode pensar que estou defendendo demais as mulheres. Não é verdade. Ainda hoje há (e como!) muitas mulheres "bandidas". Vamos, então, a mais alguns exemplos desse novo impasse.

Na idade madura, os homens começam a "galinhar" muito. E as mulheres que sabem se dissociar e excitar fisicamente esses homens mais velhos conseguem deles o que querem. E, quando são ricos, "extraem" deles verdadeiros impérios. Conheci uma que se juntou com um homem quarenta anos mais velho do que ela. Ao morrer, ele a tornou inventariante. Daí a dois anos, os herdeiros estavam pobres e ela, milionária. Uma mulher esperta na cama consegue coisas que ninguém imagina.

Conheço também mulheres mais velhas e ricas que dão boa vida a jovens de outras classes sociais. Mas muitas mulheres ricas não têm coragem para tanto: ficam muito culpadas para terem coragem de se dissociar. Para elas, relação é coisa complicada, dá trabalho, ao passo que, para o homem...

Nas classes mais pobres, também esse fenômeno é muito comum. Meninas dos bairros mais pobres procuram namorar rapazes que tenham carro (o status) ou que as façam subir um degrau a mais na escala do poder aquisitivo.

8. SEPARAÇÃO E UNIÃO

Conforme vimos, pela própria estrutura da psique feminina e da masculina, o homem tende para a independência, a separação e a autonomia. Ele tem medo das relações e, por isso, tanto o mito quanto a filosofia e a psicologia patriarcais definem um ser maduro quando ele é discreto, separado e possui limites claros. O senso comum confunde separação com liberdade. Já as mulheres são definidas como filhas, esposas, irmãs ou mães. Elas se especializam na complexidade e no labirinto das relações e confundem os limites entre o eu e o outro.

O homem teme a proximidade com medo da perda de si mesmo. Desde que nasce, é educado para ser autônomo, para ser o dono de si mesmo, e lhe é incutido que o caminho do sucesso é o autocontrole, a autossuficiência, o amor às dificuldades e a força de não precisar de ninguém. Por isso mesmo, a autossuficiência do homem tradicionalmente requer a mulher como sua propriedade. E, com isso, o homem nega qualquer profundidade na relação com os outros. O homem heroico é aquele que vive isolado, que não precisa de ninguém, aquele que é capaz de viver errante em busca de aventuras.

Tal como Ulisses, que, durante vinte anos, andou o mundo inteiro e, depois de tudo acabado, volta a sua casa e encontra a mulher, Penélope, esperando-o. E o símbolo de Penélope é muito interessante: ela era aquela que desmanchava de noite tudo aquilo que criara durante o dia. O mito mostra o homem sendo obrigado a criar para sobreviver num mundo hostil, e a mulher, passiva, esperando sempre e sempre destruindo o que cria. Nos contos de fadas, tudo termina de maneira feliz. Mas Branca de Neve, Cinderela ou A Bela Adormecida são mulheres que esperam passivamente o príncipe salvador. Por outro lado, na saga de Peer Gynt, de Ibsen, o herói que vagou a vida inteira vem morrer nos braços da noiva virgem que deixara há muitos anos e lhe permanecera sempre fiel.

Também em nossa pesquisa uma coisa ficou patente: a resposta de homens e mulheres em relação ao casamento era muito diferente. Em todas as camadas sociais, praticamente todos os homens responderam de maneira idêntica à pergunta: "Como se sente no casamento?" As alternativas eram: muito feliz, feliz, decepcionado ou infeliz. Enquanto as mulheres variavam enormemente suas respostas, desde muito felizes até muito infelizes, os homens sempre respondiam: "Feliz!" Convenientemente feliz...

No decorrer das entrevistas, ficou claro que as mulheres se casavam na quase totalidade dos casos porque gostavam dos parceiros. Mas os homens casavam para constituir família: isto é, como já vimos, a mulher casava com o homem e o homem casava com a futura mãe dos seus futuros filhos. Nesse caso, seria até melhor que não estivessem muito apaixonados (dependentes) dela. Uma certa distância daria melhor equilíbrio à relação.

Um amigo, bem casado com uma ótima moça tradicional, no meio da relação apaixona-se por outra, mulher criativa, com boa posição no mundo do trabalho, uma mulher independente. Mas, ao ter que escolher entre uma e outra, escolhe a esposa que ele engravida. E ele mesmo confessa: "Venceu a minha parte tradicional..."

Assim, a independência, a separação que marca os limites do ego masculino, são a separação da mãe. E toda intimidade será tida inconscientemente como dependência. E, segundo as correntes psicanalíticas mais aceitas, a história, a cultura nascem dessa separação. O homem é só contra o mundo, para poder controlá-lo e dominá-lo. A identidade mãe-filho deve ser para sempre superada, embora o próprio Freud reconheça que esse êxtase da infância nunca mais terá paralelo na vida adulta:

"Nosso atual sentimento do ego nada mais é que um resíduo diminuído de outro sentimento muito mais inclusivo (na verdade totalmente abrangente) que correspondia a um laço mais íntimo entre o eu e o mundo exterior que o cercava" (*O mal-estar da civilização*).

Mas, para a mulher, esse sentimento oceânico que a fazia um só ser com a mãe não amedronta, por isso ela é capaz de ter uma conexão íntima e não uma oposição, uma intimidade e não um controle com o mundo e os outros sem se perder.

E essas qualidades foram desvalorizadas na nossa atual civilização, pois não são qualidades que levem ao sucesso num mundo competitivo. Só os poetas e os místicos, os artistas e os criadores são capazes, entre os homens, de alcançar essa intimidade, e por isso são reconhecidos como marginais pelos outros homens. A subjetividade é alocada à mulher, e a objetividade ao homem, e os homens subjetivos, por mais importante que seja a sua missão cultural, são sempre desvalorizados.

E, apenas na segunda metade da vida, no seu caminho para a morte, começa o princípio da individuação. Segundo Jung, a individuação é um novo tipo de conexão com o outro e com o mundo. Já maduro, o homem é capaz de voltar a se relacionar com o mundo e com os outros a fim de cumprir a sua plenitude. Mas essa conexão já acontece com a mulher desde a primeira metade da vida.

O que acontece no contato com a mulher na segunda metade da vida? Tendo se dedicado à casa, ao marido e aos filhos, caso ela antes não tenha tomado providências para sair da domesticidade, seja estudando ou trabalhando, pode sentir um imenso vazio, e dificilmente sairá dessa depressão. A sociedade patriarcal adia e muitas vezes impede a realização profissional da mulher e a sua inserção direta no mundo

Por outro lado, se a identidade masculina é definida pela separação e a feminina, pela união, o homem ficará ameaçado pela proximidade, e a mulher, pela distância. Neste ponto, vale a pena nos determos sobre aquilo que poderemos chamar "o lado sombrio da feminilidade" e "o lado sombrio da masculinidade", que são os exageros maiores desse medo que separa o homem e a mulher.

Muitas vezes, o homem tem razão de temer a intimidade, pois o medo da separação faz muitas mulheres serem dependentes, devoradoras, e envolverem excessivamente o homem, negando-lhe qualquer espaço para existir independentemente. Outras mulheres se sujeitam a qualquer sacrifício, a qualquer agressividade ou humilhação. São "as mulheres que amam demais". Elas têm a capacidade de fazer surgir a agressividade e o sadismo de muitos homens pelo fato de não saberem colocar limites na relação. Outras ainda manipulam o desejo do homem em benefício próprio, realmente brincando com esse desejo em busca de poder e controle.

Por seu lado, no entanto, o herói solitário na maioria das vezes nada mais é do que um ser rígido que se afasta dos outros para evitar qualquer enfrentamento que o faça mudar e crescer. Ele se afasta sempre quando aparece qualquer profundidade real ou qualquer desafio interior. Esse homem que prefere os desafios exteriores é o mesmo que anda homogeneizado na sociedade patriarcal.

A existência de cadeias de lanchonetes estereótipos de massa impingidos pela televisão, oligopólios de multinacionais que tudo controlam, é o indício certo de que esse guerreiro solitário possui apenas uma consciência homogeneizada e não uma criatividade verdadeira que lhe abra novos caminhos.

Esse *cowboy* solitário nada mais é do que um servo do pai patrão, o Estado, nada mais é que o pior dos conformistas. Ele, fugindo dos enfrentamentos que toda relação possui, defende a sua mesmice e se conforma, então, com a mesmice cósmica da sociedade patriarcal competitiva.

Para ele, intimidade tem a ver com controle do outro, e não com uma conexão real de dois sujeitos abertos para o novo, isto é, para o crescimento. O controlador é autocentrado, rígido em seus princípios e convicções. E toda mulher que amar um tipo desses se anula. Essas relações em que um se anula e o outro se engrandece são muito comuns em nossa cultura. O amor torna-se, então, um jogo de poder em que um é o opressor e o outro, o oprimido, confirmando a partir de dentro o que o sistema é no seu exterior.

Vamos agora tratar da verdadeira raiz deste "instinto" de separação: a dependência inconsciente da mãe.

9. A MÃE TODO-PODEROSA

Nessa brevíssima análise que fizemos da sexualidade feminina e da masculina e de seus impasses e divergência, um problema ficou na sombra. É a relação do homem com sua própria mãe. Na infância, o menino dessexualiza a imagem da mãe, mas não elabora o amor que tem por ela. Simplesmente o reprime. Desse momento em diante, o homem fica privado de entregar-se a qualquer outra mulher, com medo de morrer. Assim, no fundo do seu coração, a mãe fica sempre como a única mulher que ele ama, porque foi a única que ele conseguiu amar na sua totalidade.

Isso é tão forte no inconsciente masculino que Jacques Lacan, em seu livro *Encore*,* escrito pouco antes da sua morte, em que aborda a condição da mulher, não hesita em afirmar: "A mulher não existe, quem existe é a mãe, a única mulher que está na cabeça do homem." E, na medida em que a relação do menino com a mãe foi boa, em que ela o aceitou incondicionalmente, no futuro o homem tenderá a escolher uma mulher que seja a figura da mãe. Na medida em que a relação mãe/filho foi ruim, ele ficará para sempre fugindo da mãe, procurando mulheres que sejam o oposto dela. Mas não é com a

---

* Ed. bras.: *O Seminário, livro 20: Mais, ainda*, Rio de Janeiro, Zahar, 1985. (*N. da E.*)

mulher como sujeito que ele vai se relacionar, e sim com a mãe que ficou no seu inconsciente. Fica o homem portanto, para o resto da vida, sob o domínio inconsciente dessa primeira figura de mulher.

Carlos Saura viu muito bem essa relação em seu *Doces momentos do passado*, em que o herói se vê o filme inteiro rodeado de mulheres grávidas sem poder livrar-se delas. E, na última cena, ele é banhado por sua mulher, também grávida, como um bebê recém-nascido.

Para o homem poder livrar-se desse domínio inconsciente da figura materna, é preciso muito trabalho sobre si mesmo.

Já a mulher, para quem o pai não foi fonte de tantos traumas, tende a vida inteira a assumir a sua dependência para com ele. É hábito milenar as mulheres casarem-se com homens mais velhos, ao passo que os homens casam-se com mulheres mais novas. Recente pesquisa americana sobre homens e mulheres mais idosos revelou que os homens mais velhos continuam sendo atraentes para as mulheres jovens, ao passo que as mulheres mais velhas perdem em geral o atrativo erótico para os homens mais jovens. Só nas últimas décadas a relação entre mulheres mais velhas e homens mais jovens vem perdendo a sua aura de incesto. Isto é, o amor mãe/filho foi mais punido do que aquele que une pai e filha, e só hoje começa a ser aceito.

E, para que a relação autêntica homem/mulher possa emergir, é preciso que o homem saiba matar realmente a mãe dentro de si para livrar-se do seu poder e encontrar a mulher real, da mesma forma que a mulher só pode ver o homem com mais realidade se souber que ele não é tão poderoso e salvador quanto o pai.

Daí a tendência de a mulher "colar" no seu homem, ficar por demais dependente dele, ao passo que o homem fica o tempo todo fugindo, rejeitando a mulher, porque foge e rejeita a mãe.

Esse medo que o homem tem da mulher, que lhe vem do medo da mãe, na maioria das vezes não se concretiza num medo concreto das mulheres. Ao contrário, aparentemente o homem pode dar-se muito bem com elas, enquanto as controla, mas a concretização deste medo aparece na dificuldade que ele tem de lidar com seus próprios sentimentos, de reprimi-los, de mascará-los, de colocar a mulher num lugar secundário e também de viver num mundo em que se relaciona mais com outros homens do que com mulheres.

Num mundo machista como o nosso, as relações mais violentas, em geral de competição e agressividade, ocorrem entre os homens, e não entre homem e mulher, considerada por ele apenas fonte de prazer sexual, e não um ser igual; portanto, o homem percebe a mulher como infantil e despreparada para os grandes embates. Nesses casos, o amor torna-se, então, um jogo de poder para o homem, como outro qualquer, e raramente passa disso. O homem erotiza o masoquismo da mulher, e ela, o sadismo do seu companheiro. E, assim, ambos podem preencher um pouco o grande vazio que ficou de uma relação madura que nunca existiu.

Tanto quanto o menino era desamparado diante da mãe todo-poderosa, agora ele só quer relacionar-se com mulheres desamparadas a quem possa "salvar". Ele será para sempre o Príncipe Encantado e ela, a Cinderela. Prova disso é a história do imaginário masculino.

Se amor é entrega, e se entrega, para o homem, é sinônimo de perda, e, portanto, de morte, pode-se dizer também, que, em geral, para o inconsciente masculino, o amor está ligado à morte.

Nesse inconsciente, prazer e trabalho (realidade) se opõem. A realidade, as regras de comportamento, o sistema vigente são vistos como antiprazer. E, portanto, o prazer, principalmente, o prazer intenso (êxtase), seria o mais perigoso dos transgressores dessa regra e o maior perigo para a estabilidade do indivíduo e do sistema. Assim, no imaginário masculino, todo grande amor, todo grande prazer são punidos com a morte. Se examinarmos as grandes histórias de amor dos últimos dois mil anos, poderemos perceber bem esse fato.

Em *Romeu e Julieta*, tradicionalmente considerada a máxima história de amor entre um homem e uma mulher, os dois se matam porque não podem viver o seu amor, porque não podem transgredir a lei invisível, mas onipotente, que é a luta de dois clãs pela posse de terra e de poder. Mas, como colocam o amor acima do poder, morrem.

Tristão e Isolda morrem porque ousam transgredir a regra da fidelidade conjugal, base da estabilidade da família, de transmissão da linhagem e, com ela, da propriedade.

Abelardo é castrado porque ele e Heloísa rompem uma castidade cujo fim último é consolidar pelos séculos o poder da Igreja, senhora de nações e imperadores.

Por seu lado, a Dama das Camélias prefere morrer porque se apaixonou por um freguês, e a barreira que separa a mulher pública da mulher privada é intransponível. Foi a separação entre mulher boa e privada (esposa) e mulher má e pública (prostituta) que manteve estruturada a família convencional. As mulheres se frustravam, sim, tanto a esposa quanto a prostituta, e o homem tinha o direito de satisfazer tanto a sua necessidade de afeto como de erotismo, mas nunca com a mesma mulher, para, assim, continuar conservando o controle de si mesmo.

Mulheres como Ana Karenina e Madame Bovary não têm outro caminho a não ser o suicídio, por questionarem o tédio e a hipocrisia da família burguesa, mas seus amantes saem ilesos e sem culpa.

O que todos esses casos têm em comum é que, mesmo hoje, muitas mulheres mais tradicionais se casam por dinheiro como antigamente, quando o corpo era o seu único mercado de trabalho... Aqui a fragmentação masculina também as atinge.

O homem não se perturba com essa sua dissociação. Até gosta dela. Outro amigo psicanalista me disse que, além de ter mais mulheres no consultório, os homens que procuravam por um analista o procuravam porque tinham dúvidas se eram homossexuais ou não, e isso abalava sua virilidade. Se eram menos felizes com a mulher, isso não importava, porque, se a casa estivesse indo bem, e os filhos bem cuidados pela mulher, se houvesse outras paqueras, mesmo que ele estivesse apaixonado por outra, não era necessário analista. Mas a mulher, não.

Ela procura o analista quando se sente rejeitada pelo homem que ama ou quando a relação é problemática. É a qualidade da relação que a preocupa. Ela não vai bem se a relação não vai bem. Sua preocupação não é o funcionamento exterior das instituições, mas sim o funcionamento interior de cada relação.

E raramente a análise volta a unir os casais. A "superficialidade" masculina não é tocada, porque o tipo de análise que se faz em nossa cultura é androcêntrico. A "profundidade" feminina é desencorajada e considerada imaturidade. O modelo das terapias é masculino, e os próprios terapeutas são em geral homens. Como podem eles analisar as mulheres no seu modelo? E, ao adotarem um modelo masculino, as terapeutas mulheres estão também violentando a sua própria condição de mulheres e de suas pacientes.

O impasse nas relações homem/mulher a que viemos nos referindo fica, pois, cada vez mais aguçado, porque o desejo de separação e o desejo de união jamais podem se encontrar no estágio em que estamos.

Se continuarmos procurando mais exemplos da punição do amor, mesmo em nossa literatura, o índio Peri e a branca Ceci acabam morrendo, porque esse é o castigo para quem quer transgredir ao mesmo tempo as barreiras étnicas e de classe.

E até no século XX temos, entre outras histórias, o filme *O império dos sentidos*, de Nagisa Oshima, cineasta japonês nascido num país em que homens e mulheres formam dois universos completamente distanciados e onde é mais ferrenho do que nunca o domínio do homem sobre a mulher. Quem assistiu ao filme pôde ver repetir-se o mesmo fenômeno. O homem que quis dar, por amor, o máximo prazer à mulher deixa-se cavalgar por ela no prazer e acaba assassinado e castrado, e a mulher, louca.

E assim é até hoje. A grande maioria das mais belas histórias de amor acaba com a morte. E todos os exemplos que acabamos de dar apontam na direção de que aqueles que ousam transgredir os limites impostos pelo sistema sociopolítico-econômico morrem. E, principalmente, se ousam transgredir esses limites a partir de uma relação em que é rompido o laço dominante/dominado entre o homem e a mulher. Em nível inconsciente, a mensagem chega com a afirmação implícita de que é preferível ter pouco prazer obedecendo a lei do que muito fora dela, porque o castigo é a morte.

Assim, para o homem, o amor está inextricavelmente ligado ao poder e à morte. Mas isso só acontece quando esse amor é não mais um jogo de poder entre o homem e a mulher, mas sim o encontro de dois seres vivos e de igual dignidade. Só então ele é punido com a morte. Dessa forma, pois, é a partir do mais profundo inconsciente que os homens se limitam em seus desejos e permanecem a salvo dentro de um sistema que, se não é bom, ao menos é seguro.

No entanto, a representação do amor não é a mesma no inconsciente e no imaginário femininos. Para a mulher, procurar a grande felicidade não é procurar a morte, mas a vida. Quem conhece os contos de fadas que fizeram a delícia de nossa vida de crianças sabe que eles terminam sempre com um "e eles se casaram, tiveram muitos filhos e foram felizes para sempre". Na época em que eles foram inventados, isto é, na Idade Média, os casamentos eram feitos por interesse econômico e de alianças entre famílias. Não era levado em consideração o desejo dos dois interessados. Mas, nos contos de fadas, o príncipe passa por muitas peripécias, enfrentando a morte e todo tipo de obstáculos para encontrar a mulher. E nesse caminho ele é sempre acompanhado de mulheres: é atrapalhado pelas bruxas (mulheres más) ou ajudado pelas fadas (mulheres boas), inclusive lutando contra homens mais poderosos e monstros gigantescos pelo amor de sua eleita. Nos contos de fadas, um grande amor é sempre recompensado com a eterna felicidade. Toda mocinha boa encontra um príncipe encantado que a protege para sempre.

Nesses casos do imaginário feminino, a condição da mulher é vista como passiva e a do homem, ativa. Branca de Neve, Cinderela, A Bela Adormecida esperam passivamente o Príncipe Encantado que as virá salvar de um destino sem perspectivas. Mas nesses contos o amor é visto como origem da vida, e não da morte. O homem passa, sim, por muitos perigos e muitos abismos para encontrar a mulher, mas, finalmente, acaba passando são e salvo pela espessura do rochedo da castração. E esse é o desejo mais profundamente inconsciente de todas as mulheres.

Tal como no seu imaginário, o homem mostra que quer a separação da mulher, já o imaginário feminino mostra a união que a mulher quer com ele. E essa dialética entre a união e a separação é muito bem percebida no mito do andrógino de Platão. Nesse mito, o homem e a mulher eram originariamente um ser único, com duas cabeças, quatro braços e quatro pernas. Mas seu poder era tanto que chegou a ameaçar seriamente o poder dos deuses. E estes, para se verem livres de tal poder, cortaram ao meio aquele ser, transformando-o no homem e na mulher, seres que até hoje gastam o seu tempo e a sua energia procurando juntar-se de novo, deixando assim os deuses reinar em paz. E até hoje eles estão reinando em paz: o sistema continua funcionando muito bem, baseado no desencontro e na frustração de todos nós, homens e mulheres. Partidos. Incompletos.

Resta-nos agora ver como ele funciona sobre essa incompletude do masculino e do feminino.

10. O PÚBLICO E O PRIVADO

A lei do domínio público é a competitividade; a do privado é a realização pessoal, ou melhor, a partilha, a cooperação, o cuidado, a felicidade. Como os homens dirigem mais sua libido para o domínio público, muitas vezes eles escolhem o sucesso como meta de suas vidas, deixando a felicidade em segundo lugar. Já as mulheres muitas vezes abandonam o sucesso em nome de uma felicidade pessoal. Para elas, ambição é tabu, enquanto para os homens a palavra proibida é fracasso.

E, quando as mulheres são obrigadas a entrar no mundo do trabalho, ficam divididas entre o sucesso e a felicidade. E muitas vezes sabotam o seu próprio sucesso porque temem que esse sucesso, que é a validação de sua personalidade pública, venha a empobrecer o seu ego privado. Por isso, o fato de ela tradicionalmente pertencer ao domínio privado torna a sua divisão mais aguda do que a do homem. A mulher sofre mais por entrar no domínio público do que o homem por entrar no domínio privado. Por isso, as mulheres em geral são menos bem-sucedidas do que os homens no âmbito público.

Pesquisas mostram que as habilidades intelectuais são igualmente distribuídas entre homens e mulheres, mas barreiras internas e externas para a realização feminina são muito mais intensas do que as dos homens. A Associação de Mulheres Matemáticas dos Estados Unidos descobriu que as aptidões para essa ciência existiam tanto nas mulheres quanto nos homens, mas as meninas eram duas vezes mais desestimuladas a seguir a carreira do que os meninos. E, se assim é nos Estados Unidos, imagine-se no Brasil.

Pelo fato de o homem ser mais dissociado que a mulher, ele é mais capaz de fingir e de compor uma *persona* para a sua atuação pública, reprimindo as suas emoções. A mulher, mais emocional, tem uma dificuldade no campo das decisões que exige maior controle das tensões e maior frieza (dissociação) e objetividade. E também porque não consegue fingir tão bem quanto o homem.

Por isso, o homem tem mais dificuldade de falar de si mesmo. "O homem é menos ele mesmo quando fala de si; damos-lhe uma máscara, e ele falará a verdade", dizia Oscar Wilde. O mundo público vive mais das aparências e do fingimento; a mulher, que é mais honesta porque menos dissociada de si, vive mais da realidade.

Como o sucesso está conectado ao poder, isto é, ao controle sobre os outros e as instituições, supõe-se que, para consegui-lo, o homem pense mais em si mesmo do que nos outros, que seja capaz de manipular, burlar, mentir, romper as leis. A mulher, mais dirigida para o cuidado dos outros, tem mais dificuldade em fazer tais coisas. Por exemplo, ela é mais difícil de subornar, paga seus crediários mais em dia (pesquisa feita pelo SPC – Serviço de Proteção ao Crédito) etc. Por isso perde sempre.

Por isso mesmo, muitas mulheres só conseguem sucesso introjetando a maneira masculina de ser, mais agressiva e egoísta. Ficam competitivas, enquanto eram cooperativas e solidárias no domínio privado. Ligam mais para o status como o homem, enquanto as outras mulheres se importam menos com ele.

Há os que desejam mais o sucesso e os que temem mais o fracasso. Os que desejam o sucesso arriscam mais, ousam mais; os que têm mais medo do fracasso trabalham mais em grupos, são mais cooperativos que competitivos; esse é o caso das mulheres. A competitividade leva a um regime autoritário, e a cooperação, ao rodízio de liderança. Assim, as mulheres se orientam dentro do mercado de trabalho para as profissões que tendem a ajudar os outros, enquanto os homens vão para as áreas mais abstratas e exploradoras dos outros. E, na medida em que a mulher se integra numa profissão, essa profissão vai se feminilizando, vai se tornando cada vez mais mal paga e menos valorizada socialmente, embora quase sempre sejam funções essenciais, isto é, que possuem o valor mais alto para a preservação da vida. Entre essas profissões estão as de professora, enfermeira e vários setores da área médica, psicóloga, advogada etc.

Por outro lado, a feminilidade é associada com a emoção e a subjetividade, e a masculinidade, com a ação e a objetividade. Por isso, as mulheres têm grande dificuldade em obter postos na direção das empresas. Elas são não mais que 20% dos "executivos" nos Estados Unidos, e essa proporção cai para a metade no restante da América Latina.

Desde que nascem, as meninas são orientadas para o cuidado dos outros e sua futura maternidade. São mais aptas à intimidade e relação mais profundas. Os meninos são educados para a ação, a decisão, a autoconfiança e a independência. Reprimem suas emoções desde o começo e estimulam a sua criatividade em resposta a situações difíceis. Por isso, no mundo do trabalho, as mulheres se tornam sempre "a segunda melhor", a secretária eficiente, mas nunca a chefe. Em geral elas pensam: "Posso ser uma gerente de modas", mas quase nunca pensam em montar a sua própria loja ou firma. As mulheres relutam em expressar as suas necessidades pessoais; são tímidas e tendem a se tornar pouco visíveis. Realizam, em muitos casos, muito mais trabalho do que os homens, mas com pouca repercussão, como já vimos.

No entanto, o domínio público depende do bom funcionamento do privado. Assim, dois escolhos devem ser evitados: o primeiro é que a mulher só se dedique ao público; o segundo, que só se dedique ao privado. No primeiro caso, o privado sofrerá muito, e no segundo, a mulher não se imporá, nem aos valores de que *é* portadora, no domínio público.

Outra dificuldade é que o domínio público é o domínio da fragmentação dos conhecimentos especializados, e a mulher tende a ser mais integrada e portanto menos especializada do que o homem. Por isso, fica mais sujeita ao estresse, à depressão e, finalmente, ao fracasso por não aguentar o jogo pesado. As mulheres esperam o fracasso mais do que os homens e, quando fracassam, culpam a si mesmas mais do que eles, porque têm menos autoconfiança. E, quando são bem-sucedidas, tendem a achar que tiveram sorte, enquanto os homens tendem a pensar que foi por competência.

Esse medo do sucesso, em última análise, ao menos inconscientemente, vem do medo de competir com o homem, de negar sua feminilidade, de ser rejeitada pelos homens se tiver mais sucesso do que eles. Na imaginação popular, a mulher bem-sucedida é impopular com as mulheres e afugenta os homens e, portanto, tem que sacrificar sua sexualidade se quiser continuar sendo uma boa profissional. Assim, a mulher que trabalha não só tende a ter pouco sucesso como também a sua realização pessoal sofre com isso. A mulher padece dessas duas desvantagens.

Ao contrário, os homens bem-sucedidos tendem a ter muito apoio de suas esposas, em casa, enquanto as mulheres bem-sucedidas sofrem exatamente o contrário: a crítica e muitas vezes o afastamento de seus maridos, enquanto aumenta seu trabalho doméstico (dupla jornada).

Ainda mais: em igualdade de condições, escolhe-se sempre um homem para determinado posto; as mulheres têm que ser muito mais competentes e lutar muito mais duramente para serem aceitas.

Se a criatividade é mais exercida pelos homens, as mulheres criadoras tendem a ter seus inventos tomados para si por seus colaboradores masculinos ou então concentram-se naquilo que é chamado o segundo escalão da criatividade, isto é, tornam-se as melhores auxiliares dos criadores.

Pode-se dizer que a criatividade é fruto da fuga ao afeto. Quando o homem tem medo da castração, passa a desprezar o afeto e foge para a intelectualidade. Por isso, na nossa cultura, a criatividade é apanágio do homem e das mulheres que, por um motivo ou por outro, tomaram medo ao afeto na primeira infância e assumem uma característica "masculina".

Para aquelas que se especializam no âmbito do privado, a criatividade parece secundária. Ela é tão mais superficial do que gerar e literalmente criar uma nova vida... O homem, para preencher o seu vazio, vazio que aliás ele tem mais reprimido que a mulher, tapa essa falta sem fundo inventando coisas, inventando trabalho, inventando arte, religião, ciência, história... A mulher que tem seu vazio mais evidente quer preenchê-lo de maneira mais primitiva, mais literal, quer preenchê-lo com o pênis do homem em termos sexuais e com o seu afeto em termos psíquicos. Por isso fala-se que o afeto "preenche" a mulher, a "satisfaz".

Se o homem não criasse, morreria de tédio e de medo do gozo desestabilizador. E criar significa romper, ter iniciativa, não se submeter. Por isso, costuma-se confundir a criatividade masculina com a sua biologia. Mas a criatividade não é biológica, e sim cultural. Não é porque tem um sexo aparente, que penetra, que procura, que o homem é criativo, mas porque em nossa cultura ele é supervalorizado e, portanto, mais ameaçado. Hoje há criadoras mulheres do mesmo nível que o homem, mesmo superando enormes dificuldades, porque a mulher já é vista pela sociedade e pela cultura com maior dignidade.

Em que sentido? A mulher castrava o seu sucesso, a sua criatividade, a sua iniciativa, porque a cultura assim exigia: que ela fosse receptiva, submissa, que fosse o desejo do outro e não o seu próprio. Na medida em que ela descobriu, entrando para o mercado de trabalho, que podia ter o seu próprio desejo, todas essas teorias explodiram, e aquilo que estava reprimido veio à tona. A mulher começa a criar, não mais como homem e, sim, como mulher.

No entanto, a maioria das mulheres ainda não está em estágio de ser aceita pelo macho. A mulher tradicional deixa o homem decidir por ela. O pânico de decidir mostrava que ela gostava de ter um provedor... Mas, aliás, quem é que não gosta? Muitos homens se acomodam em empregos porque a firma é provedora. Materna. Paterna. Mas esse desejo atinge principalmente a mulher que tem medo do sucesso, da responsabilidade, de assumir sozinha as consequências e o risco de jogar. O homem foi treinado para ser jogador, a mulher, para ter segurança. Por isso o homem aguenta mais a insegurança do mundo do trabalho, o jogo de ganha/perde da competitividade. Mas também por isso tem mais úlcera, mais câncer, mais infarto. Por isso vive menos. Seria preferível que esse medo não fosse tão reprimido. O que salva a mulher, o que a faz viver mais tempo é justamente não ter medo. E isso também mostra que, no seu íntimo mais profundo, o homem se violenta muito para participar de todo esse mundo competitivo.

Quanto maior a repressão, maior a somatização. Dizem que as mulheres são histéricas. Creio que a histeria masculina é muito mais profunda e menos visível do que a feminina, e termina com a morte precoce.

Para cumprir o seu papel, o homem tende "naturalmente" a ter um pensamento positivo, "para cima", ao passo que a mulher tende "naturalmente" a ter um pensamento negativo, "para baixo". Ela se estima pouco; o homem possui grande autoestima. Veremos na Segunda parte que isso acontece em todas as classes sociais no que se refere à comparação entre homens e mulheres, mas varia de classe para classe quanto à relação homem/homem: a uns se ensina a ter iniciativa, a outros se ensina a mandar, a uns se ensina a obedecer, a outros se ensina a se submeter. Isso vale para qualquer oprimido, homem ou mulher. A criatividade, pois, não é natural. É fabricada (ver capítulo 11).

A uns se ensina a se autoconstruir, a provocar os acontecimentos; a outros se ensina a se curvar aos acontecimentos, a se autodestruir, a ser uma vítima do destino. Uns fazem o seu destino, outros dele padecem. Mas em todas as classes, se compararmos a relação homem/mulher da mesma classe social, em praticamente todos os casos encontramos em nossa pesquisa que o homem domina a mulher e, ainda, que essa dominação escamoteia a dominação que o patrão exerce sobre o homem. Um camponês entrevistado explicava assim suas relações: "O homem ajuda o patrão, a mulher ajuda o homem, e as crianças ajudam a mulher." Com isso ele escamoteava a relação de opressão do patrão para com ele, dele para com a mulher e dos pais para com os filhos, porque a mulher também entra, reproduz e é cúmplice desse jogo. Por isso o mundo em que vivemos é a projeção do desejo do homem, e do homem mais forte. Como seria um mundo em que também entrasse o desejo da mulher e do oprimido?

Enquanto uns encontrarem dentro de si as forças para vencer as grandes crises, para transformá-las, e outros forem engolidos por ela, poucas mudanças acontecerão.

Um último problema a ser abordado nessa questão do público e do privado é a finalidade das discriminações, no nosso caso, a da mulher.

Tudo o que acabamos de dizer sobre a atuação da mulher no mundo do trabalho, as barreiras internas e externas que a fazem ficar numa posição inferior à do homem, tem uma finalidade muito concreta.

As Nações Unidas levaram uma década, de 1975 a 1985, a Década da Mulher, estudando em 121 países, entre desenvolvidos e subdesenvolvidos, a condição da mulher, e chegaram às seguintes conclusões principais:

- as mulheres fazem dois terços do trabalho mundial e recebem um terço do salário total;
- de cada cem pessoas que possuem riqueza em termos formais, apenas uma é mulher;
- de cada cem pessoas que detêm posições de poder, apenas uma é mulher.

Especificamente no que se refere à primeira afirmação, o fato de a mulher trabalhar mais e ganhar menos do que o homem dá um grande lucro para o sistema. E com os dados das Nações Unidas é possível hoje fazer-se o cálculo preciso de quanto o sistema como um todo economiza com essa discriminação. Se a mulher ganha um terço do salário mundial, isso quer dizer que o homem ganha dois terços, isto é, o homem ganha o dobro do que a mulher ganha. Mas, como a mulher faz o dobro do trabalho que o homem faz, esse salário ainda tem que ser dividido por dois, pois ela ganha um terço do salário fazendo dois terços do trabalho. Então, pode-se afirmar que a mulher ganha a metade da metade do salário do homem pelo mesmo trabalho, isto é, 25%. Essa é a média mundial.

Nos países mais desenvolvidos, a mulher ganha um pouco mais: nos Estados Unidos, essa média chega a 57%, e no Brasil, a cerca de 50%. Nas regiões rurais, no entanto, muitas vezes a mulher trabalha na terra, isto é, faz trabalho produtivo (que depois é comercializado) sem receber nada. E nesse conjunto são as mulheres não brancas, isto é, as negras e as indígenas, as mais mal pagas do mundo, as que estão embaixo na pirâmide salarial.

Dessa forma, as mulheres são quase a metade dos trabalhadores mundiais, e se essa metade ganha apenas um quarto do que ganha a outra metade pelo mesmo trabalho, isso quer dizer que o sistema economiza três quartos da metade, ou três oitavos, que vêm a ser cerca de 37,5% a menos do que pagaria se os trabalhadores fossem só homens. Isso quer dizer que, além da exploração do trabalho masculino, existe uma superexploração da mulher. Ela é duplamente explorada, como trabalhadora e como mulher. Assim, a discriminação econômica por motivos sexuais não só é aceita pelo sistema como é incentivada, conforme vimos no capítulo anterior, até pelas próprias mulheres, que não têm consciência da manipulação de que são vítimas.

Além dessa discriminação pela pobreza e pelo sexo, existe uma terceira que é a discriminação racial, também incentivada porque dá um lucro tão grande ao sistema quanto a sexual (mas que não é objeto deste livro). Assim, a sociedade de classes como ela existe agora depende essencialmente da discriminação sexual e racial para continuar a existir. Portanto, a reivindicação de salário igual para trabalho igual para mulheres e trabalhadores e outras etnias que não a branca talvez seja a mais difícil de ser conseguida, porque, se ela existisse, o sistema gastaria muito mais dinheiro com salários e, portanto, teria que mudar a própria estrutura da produção e da economia como um todo.

Na maioria dos países, a punição dessas discriminações é constitucionalmente garantida, mas em nenhum deles as leis são cumpridas, e cremos mesmo que por um longo tempo isso continuará acontecendo, a menos que se intensifiquem muito as reivindicações mundiais das mulheres e dos negros nesse sentido, que é, aliás, o que todos nós desejamos.

SEGUNDA PARTE

SEXUALIDADE E PODER

Até agora pudemos perceber como o corpo e a sexualidade de homens e mulheres são fabricados pelo sistema e o lucro que isso traz em termos mundiais. Agora podemos dar um passo adiante: se corpos e sexualidade são fabricados, seria possível uma fabricação do próprio inconsciente? E, caso fosse, como interagiria ele com o sistema? Seria o inconsciente determinado pelo econômico? Ou, em outras palavras: seria o econômico a infraestrutura de tudo, como queria Marx? Mas, se tomamos o modelo de uma sociedade de classes, mais perguntas se apresentam: como interagem sexualidade e classe social? E, se a sexualidade varia de classe a classe, não poderíamos colocar a hipótese de que o econômico também é determinado pela sexualidade?

Se isso for verdade, tanto o freudismo como o marxismo não dão conta da realidade humana: Freud porque nega a influência do econômico sobre a psique, afirmando que a estrutura que descobriu é universal, e Marx porque não é capaz de retirar o indivíduo das leis mecânicas e impessoais da história e da economia.

Não se trata aqui de conciliar Freud e Marx num freudmarxismo ingênuo mas, sim, de ver se algo novo pode aparecer em nossa realidade de países do Terceiro Mundo, isto é, qual o questionamento que nós, oprimidos, podemos dar às teorias dominantes.

E, depois disso, finalmente podemos abordar o poder com um pouco mais de competência, como tentei fazer naqueles seis meses...

11. A FABRICAÇÃO DO INCONSCIENTE

Tudo o que a criança recebe no seu primeiro ano de vida — sensações, emoções, abandono ou aceitação etc. — permanece para o resto da vida. Fica mesmo impresso não só nas camadas mais profundas do inconsciente mas também no corpo, tornando-se parte estrutural do seu ser. Muito dificilmente essas impressões podem ser apagadas ou modificadas, e acompanham o ser humano durante toda a vida. Assim é que, a partir de tudo o que vimos até agora e da observação dos elementos das diversas classes sociais com que entramos em contato, pudemos criar um conceito, o de corpo de classe. Mais tarde, em estudos sobre como eram percebidas e educadas as crianças nas diversas culturas a que hoje se tem acesso, foi possível estender esse conceito para o conceito de corpo cultural (capítulo 34).

Desde que a criança nasce, há atributos que são compartilhados tanto por meninos quanto por meninas na classe social a que pertencem, e também na sua cultura de origem. Essa afirmação ficará mais clara se dermos alguns exemplos. Vamos começar pelas classes sociais e, entre elas, pela burguesia.

Desde que nascem, meninos e meninas são cuidadosamente alimentados e têm sua fome satisfeita à saciedade. São cuidados por babás e governantas que, além de satisfazer a sua fome, os submetem, na maioria dos casos, a uma rígida disciplina. As mamadas são dadas nas horas certas, o treinamento dos esfíncteres é feito da maneira mais disciplinada possível e com especial vigilância. Dessa forma, desde tenra idade isso torna tanto meninos quanto meninas obsessivamente preocupados com a própria higiene, com a ordem e também com a aparência física, e desde cedo aprendem a acompanhar os padrões vistos nas revistas internacionais que determinam os padrões de beleza da burguesia.

Ora, essa preocupação tem uma importância muito maior do que possamos pensar. Em *O mal-estar da civilização*, Freud afirma que a civilização burguesa é obcecada pela limpeza, pela ordem e pela beleza. E, segundo ele, essas são as características de uma fase específica da sexualidade infantil, a fase anal, em que, na sua opinião, ficou fixada a nossa civilização ocidental, tão centrada na manipulação ao controle e no lucro. Nossa experiência confirmou, no campo, essa afirmação teórica.

As mulheres dessa classe social, por exemplo, colocam sobre seu corpo, com o fim de embelezá-los segundo os padrões internacionais, uma carga de disciplinas e de saberes que quase nenhuma mulher de outra classe social tem tempo livre e dinheiro para imitar. São massagens, cabeleireiros, dietas, esportes, ginásticas, dança, expressão corporal, cirurgias plásticas, cosmetologia médica e muitos outros itens da mais avançada tecnologia (colágeno, placenta etc.) para embelezar, emagrecer e retardar a velhice. De fato, quase todas são magras, conservadas e belas. Quando falam de seu corpo, fazem afirmações como "Gosto do meu corpo quando sou bonita e não gosto quando sou feia. E é só. Esse negócio de política de corpo é coisa moderna, coisa do Gabeira, dessa juventude maluca..."

Já os homens se preocupam mais com a saúde do que com a aparência física estereotipada, porém o fazem com a mesma obsessão das mulheres. E falam também com desenvoltura sobre o sexo. Para eles, o sexo se localiza apenas nas zonas genitais, e o corpo nada mais é do que um prolongamento do pênis. E, se o pênis é o instrumento do prazer, o corpo é o instrumento do poder. E por isso precisa estar sempre bem-cuidado, porque sobre esse tipo de homens pairam constantemente as doenças cardiovasculares típicas dos executivos, que é preciso controlar a qualquer custo. "Temos sempre essa espada sobre a cabeça", dizia um deles.

Com toda essa disciplina, tanto sobre homens como sobre mulheres, cada um deles aprende inconscientemente a ter controle sobre si mesmo e sobre os outros. Desde cedo aprendem a obedecer para depois serem obedecidos, a se controlar para depois saberem controlar toda a sociedade. "Tudo sob controle, não tem problema", foi uma das frases mais ouvidas de homens e mulheres dessa classe social.

Assim, desde que nascem, acham "natural" que todos os seus desejos sejam satisfeitos, pois assim que choravam eram logo atendidos. Na criança, o choro tem por função ser um sinal de necessidade a ser atendida, seja ela emocional ou física. E aqui, embora com disciplina, o choro é sempre atendido. Assim, como desde que nascem têm as vontades satisfeitas, inconscientemente acham que deve ser assim pelo resto da vida. E também como sabem manejar os controles conscientes e inconscientes, acham "natural" manipular a sociedade inteira em seu benefício, se não individual, em alguns casos, ao menos de classe, em todos eles.

E assim, desde que os mais ricos nascem, nascem com eles também os embriões daquilo que virá a ser a base da psicologia da classe dominante:

- o autoritarismo, a centralização, pois se habituaram a se considerarem os donos do mundo desde que nascem; por isso, na idade adulta, se acham "naturalmente" os possuidores da economia e do Estado;

- a manipulação das instituições em seu favor, principalmente o Estado, a Igreja, a família e o sistema econômico; que vem como consequência "natural" de se sentirem os senhores de tudo;

- a resistência à mudança, o conservadorismo, pois "não se deve mexer em time que está ganhando";

- a visão circular e exclusiva de classe. Para eles, "nós", "os bons", "todo mundo", é a classe a que pertencem, por maior que ela seja numericamente, e os outros, os ignorantes, os sujos, os feios, a ralé, são a quase totalidade da população que eles marginalizam. E os frutos dessa exclusão são o elitismo, o etnocentrismo, o machismo, com todos os seus mecanismos de exploração econômica e política.

No entanto, uma opressão assim tão completa em todos os níveis não teria possibilidade de ser exercida por essa classe se não houvesse na sociedade outras classes que inconscientemente a aceitam e acham "natural". Portanto, a partir do inconsciente, tais classes oprimidas seriam formadas de seres humanos complementares. Esse é o caso do nosso segundo exemplo: o campesinato.

Desde que nascem, meninos e meninas já se acostumam a não ter seus desejos satisfeitos e achar que isso é "natural".

Em geral, os pais são pobres e têm muitos filhos. Por isso não têm tempo de cuidar adequadamente das crianças recém-nascidas nem de alimentá-las. O dr. Nelson Chaves, já falecido, um dos maiores nutrólogos do mundo, descobriu que as mães nordestinas são subnutridas e por isso mesmo não produzem a mesma quantidade de leite que aquelas que não passam fome. Nos piores casos, produzem um terço do leite que produz a mulher normal.

Por isso, desde que nasce, a criança tem que se acostumar a receber apenas parte do alimento de que necessita e achar que é "natural". Isso porque a mãe executa uma dupla jornada de trabalho, em casa e na roça, além de cuidar dos outros filhos. Por isso, a criança, mesmo que chore, só pode ser atendida na hora das mamadas e, assim mesmo, quando isso é possível. Em nossas entrevistas com camponesas mais pobres, muitas vezes a mãe conversava conosco muito tempo, enquanto a criança chorava sem ser atendida.

Portanto, ela tem dois trabalhos: chorar e parar de chorar, pois, para a criança pobre, o choro não é mais o sinal de uma necessidade a ser satisfeita, pois ele raramente é atendido.

Desde que nasce, a criança aprende que ela é cuidada por uma vontade onipotente e cruel, que é como percebe a mãe. Nessa idade, a criança não percebe que a mãe não pode cuidar dela, mas a vê como não querendo cuidar. Isto é, uma vontade que só cuida dela, criança, quando ela (vontade) quer, e não quando ela (criança) precisa.

Dessa maneira, desde que as crianças camponesas nascem, nascem com elas aquelas características que serão a base da psicologia da classe camponesa:

- a fome: é natural passar fome e não ter os desejos satisfeitos;
- o fatalismo: a vontade humana não se pode opor à vontade do destino todo-poderoso. Tudo vem quando tem que vir, e não quando queremos que venha. Nossos desejos não apenas

são para não serem satisfeitos, como também são desestabilizadores da ordem eterna;

- a passividade: por isso tudo, não adianta fazer nada para mudar essa vida de sofrimento;
- o clientelismo: o homem crê que o patrão, em geral cruel e controlador e que lhe satisfaz apenas parte dos desejos e das necessidades, é aquele que deve ser amado e honrado, mesmo que o explore nos níveis mais desumanos: "O homem ajuda o patrão, a mulher ajuda o homem e as crianças ajudam a mulher", e já vimos como com isso ele escamoteia as duras relações de opressão e exploração que há entre patrão, homem, mulher e criança;
- o machismo: a mulher ama o homem que a maltrata e não lhe satisfaz os desejos. O conceito de felicidade das camponesas é completamente diferente do nosso: "Sou feliz quando meu marido não bebe, não tem outra, não me bate e traz o dinheiro para casa..." Para elas, a proteção é mais importante do que o afeto;
- a religiosidade popular: vivendo nessa realidade cotidiana tão dura, os camponeses criam o caldo de cultura perfeito para as concepções tradicionais da Igreja. Se souberem se sacrificar, carregar a sua cruz, isto é, não ter os seus desejos satisfeitos e se submeterem a Deus, que tudo vê e tudo controla, que é a vontade mais soberana e mais cruel de todas, terão a recompensa depois da morte: no Céu, todos os seus desejos serão satisfeitos, enquanto o patrão arderá no inferno, com todos os sofrimentos concebíveis e inconcebíveis.

Encontramos o corpo de camponeses e camponesas como complementares ao corpo da burguesia. Quando se perguntava às mulheres sobre o seu corpo, elas não se referiam à beleza, mas, sim, à força e à gordura. Gostavam do seu corpo quando eram gordas e fortes, e não gostavam quando eram magras e fracas. Até os homens prefeririam para companheiras as mulheres mais fortes, as que pudessem resistir melhor a uma vida de miséria e superexploração no trabalho.

"Gosto do meu corpo porque é esperto e trabalhador", dizia uma das camponesas, com isso explicitando o discurso de todas as outras (princípio da transversalidade). E os homens, além de verem o corpo como prolongamento do pênis, o viam também como prolongamento da terra: "Meu corpo é sujo como um saco de batatas." E um dos ritos de passagem em que o menino se percebia adulto era quando tomava o primeiro banho sozinho, isto é, quando ficava fisicamente independente da mãe ou das mulheres.

Apontam, portanto, aqui, dois tipos de corpos: o primeiro, o corpo da burguesia, um corpo feito para o prazer, o consumo e o poder, e o corpo do campesinato, feito para o sofrimento, a fome e a produção.

Já esses dois exemplos podem nos dar uma ideia de quanto os seres humanos estão enraizados em sua classe social. Faz uma grande diferença ser educado numa classe rica ou numa classe pobre, isto é, faz uma grande diferença ter uma mãe rica ou uma mãe pobre. Por isso, não concordamos com os psicólogos quando dizem que a relação primária é a relação mãe/filho. Há antes dessa, uma outra, que é a relação da criança com o lugar que a mãe ocupa no sistema produtivo, isto é, com o próprio sistema econômico e social em que a criança nasce.

E isso fica mais claro ainda quando se enfoca a maneira como burgueses e camponeses responderam às nossas entrevistadoras.

Homens e mulheres ricos davam a impressão de estar fazendo um favor à pesquisadora, enquanto os camponeses, depois de responder, perguntavam:

— Será que respondi direito? Eu não tenho letras...

Eles se anulavam anulando o seu saber, isto é, se viam com os olhos que os seus opressores os viam, ignorantes, incompetentes, sem saber próprio, sujos, feios, desdentados... Ao passo que os mais ricos se supervalorizavam, os mais pobres se anulavam.

Mas já nesse ponto podemos começar a perceber como o ambiente em que nasce a criança forja o ser humano a partir do seu inconsciente. Por isso, já podemos afirmar que é muito mais difícil do que se pensa erradicar a sociedade de classes. Se cada classe tem um tipo de autopercepção, dificilmente seus membros mudarão psicologicamente de classe social: é assim que um camponês que fica rico tende em geral a voltar a ser pobre, enquanto um rico empobrecido, se não for um retardado mental, tem todas as oportunidades e os contatos que lhe permitem pouco a pouco voltar à antiga posição de poder.

Um rico que perde seu dinheiro é sempre um rico empobrecido, ao passo que um pobre que enriquece é sempre um pobre enriquecido. Evidentemente há casos em que a mudança de classe acontece, mas não são tão frequentes quanto se pensa. Os mecanismos inconscientes funcionam muito como raízes que nos pregam à nossa classe social. Por isso, tentar erradicar a sociedade de classes em nível econômico e macropolítico sem essa transformação do inconsciente é muito mais demorado: as classes sociais tendem a reaparecer com o correr das gerações.

Vemos assim que o substrato do inconsciente é dado, mas o imaginário em nível muito profundo é fabricado. Tal como macho e fêmea são dados e homens e mulheres são fabricados. Tal como o organismo é dado, mas o corpo é produzido pelo sistema.

E vemos também que as relações corpo/sistema e imaginário/sistema não são determinadas pelo econômico, mas mantêm com ele uma relação dialética, isto é, se influenciam mutuamente.

Apesar disso fazer sentido, uma dúvida permanece: no início do século XX, os países socialistas erradicaram a sociedade de classes, o padrão de vida dos mais pobres subiu muito. Não há desnutrição nem analfabetismo, mas, de uma certa maneira, o socialismo ficou pela metade. A sociedade de classes se refez no decorrer das gerações. Agora, a classe dominante é a burocracia de Estado, e, atualmente, eles tendem a voltar à economia de mercado. Então, está faltando um dado!

12. A FABRICAÇÃO DA SEXUALIDADE

Nosso corpo é o instrumento (a máquina) que faz o sistema funcionar. A nossa sexualidade é o seu combustível. Essa intuição teve um operário quando nos revelou sua percepção sobre o próprio corpo: "Meu corpo é uma máquina. Piso bem, ele funciona bem, respiro bem e ele tem um combustível que é o prazer sexual." Nem Marx chegaria a tanto. Não mais o apêndice da máquina, e sim a própria máquina...

A sexualidade de homens e mulheres das diversas classes sociais apareceu tão condicionada como o seu próprio corpo. Os homens ricos mostraram-se selvagemente opressivos. Achavam mesmo que o homem tem mais direitos que a mulher, que tem mais desejo e por isso tem direito adquirido a uma vida sexual extraconjugal. Vários têm confessadamente mais de uma família. Cultivam a própria virilidade acima de tudo e rejeitam a homossexualidade masculina. Para eles, curvar-se sexualmente diante de um homem é perder a competitividade. É morrer. E eles, os que venceram, têm horror aos que assumem uma posição de fragilidade.

Por isso mesmo, para esposa não querem uma mulher questionadora e inteligente. "Antigamente as mulheres eram menos inteligentes, mas mais charmosas." Mulher inteligente, que compete com eles, perde o charme. Fica feia. Desejam para esposa a mulher elegante, fina e charmosa, "uma *lady*, igual ao que foi a nossa mãe".

Uma mulher que funcione em sua carreira como um cartão de visitas e desempenhe profissionalmente o papel de esposa.

Já as mulheres usam de subterfúgios para manter o status e os privilégios de que gozam. Em sua fala explícita sobre sexualidade, afirmam ter uma vida sexual maravilhosa, mas no decorrer da entrevista percebe-se que muitas vezes fingem sentir orgasmo para segurar o marido. Não conversam com eles sobre os problemas do casal, e sua performance é a mais convencional possível ("Não se deve fazer todas as posições com o marido"). Contudo, tendem a praticar o sexo antes e fora do casamento, bem como o aborto.

Mais da metade delas confessou praticar aborto e ter relações fora do casamento. Ora, isso quer dizer que, ao mesmo tempo que têm uma relação convencional com o marido, "por debaixo dos panos" vivem uma sexualidade mais rica com outros homens. Com relação ao aborto, ao serem perguntadas se eram católicas, respondiam afirmativamente. Mas quando se lhes lembrava que a Igreja proíbe o aborto, respondiam em sua maioria que nesse ponto a Igreja estava errada.

Esses fatos, vistos em conjunto, mostram uma coerência interna nas atitudes da mulher burguesa. Elas manipulam ao mesmo tempo a Igreja e a família. Seu discurso explícito é moralista e conservador, mas, na prática cotidiana, são católicas até onde vai o seu interesse pessoal, e fiéis ao marido também até onde vão o seu interesse e o seu prazer. Assim, desde que nasciam, suas filhas mulheres aprendiam a ter o mesmo comportamento, e os filhos homens aprendiam, em sua condição masculina, a ter um comportamento estruturalmente semelhante ao de suas mães, isto é, se na área da sexualidade, onde eram os mais fortes, faziam jogo aberto, na área do trabalho aprendiam que era "natural" manipular o Estado e a economia em benefício próprio e da hegemonia de sua classe. E aprendiam a fazer todas as suas falcatruas sob a aparência de uma legalidade impecável (ver capítulo 18).

Ficam claros assim os mecanismos que mantêm a classe burguesa num estado de superioridade em relação às outras. Como é essa classe que faz as leis, ela as transgride "naturalmente", isto é, sem punição. Ou melhor, os ricos rompem sem culpa nenhuma as regras que eles mesmos construíram para manter as classes inferiores dominadas a partir do próprio inconsciente.

Isso apareceu melhor quando se analisou a sexualidade de homens e mulheres camponeses. As mulheres aceitam o sofrimento, o "carregar a cruz" como parte integrante de sua vida. Casam-se virgens e não aceitam o adultério, por pior que seja o seu casamento, porque é pecado. Acham a masturbação e a homossexualidade uma sem-vergonhice. Preferem morrer antes de praticar um aborto porque são católicas e isso seria assassinar um filho, o pior dos pecados mortais.

Já a sexualidade do homem camponês é menos reprimida. Quando solteiros, frequentam a zona, mas, depois de casados, têm uma vida sexual fora de casa esporádica, porque sua situação econômica não lhes permite sustentar essa vida dupla. Mas, se os homens têm a menor suspeita de que a mulher os trai, são capazes de matá-la sem serem punidos pela sociedade, pois seu ato seria uma "legítima defesa da honra". Por outro lado, dificilmente se revoltam contra os maus-tratos do patrão. "O homem ajuda o patrão, a mulher ajuda o homem e as crianças ajudam a mulher..."

Ao mesmo tempo que se negam a ver a opressão que sofrem, oprimem rigidamente a família. Em suma: à medida que a classe social vai baixando de status, as punições são cada vez mais graves tanto para homens quanto para mulheres, na área da sexualidade e do trabalho, sendo a mulher camponesa a mais oprimida de todas, porque no campesinato as sanções para a mulher são as mais pesadas.

Por causa dessas sanções, a libido da mulher parece não ter nenhuma saída. A mulher casa-se virgem, tende a ser inorgástica, devido ao intenso trabalho em sua dupla jornada, e não pode cometer adultério nem fazer aborto, porque é pecado. A única saída que lhe resta, o único status de que pode gozar, é a procriação. No campesinato, a mãe de muitos filhos e a mulher grávida são respeitadas mais do que as outras. Filhos são, ao mesmo tempo, mão de obra barata e arrimo para a velhice. O homem que tem mais filhos tem mais facilidade de conseguir uma meação ou uma parceria. O patrão paga quase a mesma coisa por um homem solteiro ou por um chefe de família, e deste obtém mais lucro quanto mais filhos ele tiver. Assim, no campo, quem não se casa é obrigado a migrar para as cidades.

Desse modo, surpreendentemente, tanto camponeses quanto burgueses tendem a não romper a família, mas por razões opostas. A família é muito forte na classe burguesa porque ela é o lugar da concentração do capital: por isso, é preferível uma moral dupla a romper um casamento. Nessa classe social, qualquer ruptura entre marido e mulher acarreta grandes consequências no plano financeiro, porque seria fragmentar a posse de ações de uma grande indústria ou de um grande banco. E, quando as mulheres querem realmente se separar dos maridos, elas o fazem quase sempre desistindo de seus privilégios pecuniários, deixando tudo nas mãos do marido. Baixam assim de classe social: em geral passam da classe dominante, detentora do poder, para a alta classe média. Embora ganhem gordas pensões, perdem o direito à herança dos meios de produção, e por isso muitas mulheres (e também muitos homens) preferem suportar um mau relacionamento dentro do casamento para que isso não aconteça.

Na classe camponesa, a família é o lugar da produção e da reprodução da força de trabalho. Em seu pedaço de terra, o homem planta o que come, ajudado pela família que vai criando. Daí serem muito pesadas as sanções sobre a mulher. É "natural" que a mulher tenha uma cruz mais pesada que a do homem. Ela trabalha em casa e na roça, mas seu trabalho não é considerado produtivo, só o do marido. Ela própria vê esse trabalho como uma extensão da sua atividade doméstica. Assim foi e sempre será. Não há contra o que revoltar-se.

Tanto as mulheres quanto os homens têm noção das grandes transformações que estão se operando no mundo urbano, mas têm também a noção de que essas transformações não são para eles. As mulheres dizem que só os seus filhos poderão gozar delas. Isso explica por que o campo no Brasil parece intocado pela aceleração tecnológica que afeta o mundo urbano: é um outro mundo que parou no tempo.

Essa importância tanto da família burguesa quanto da camponesa nos revela que a família tem um papel mais determinante na sociedade de classes do que se pensou até hoje, pois, como vimos no capítulo anterior, é dentro dela que homens e mulheres se enraízam em sua classe social. E também na família que a sociedade patriarcal e a sociedade de classes se articulam no concreto cotidiano de nossa vida, a cada momento e em cada gesto nosso: tanto na família camponesa quanto na burguesa ou em qualquer classe social, o status da mulher dentro da família é inferior em relação ao do marido.

Esse foi um dado que, em nossa pesquisa, não variou em nenhuma classe social. Isso quer dizer, concretamente, que, desde que nasce, o menino se identifica com o mais forte, o dominante, e a menina, com a dominada, e para sempre ambos acharão "natural" essa primeira opressão e depois dela todas as outras. Acharão natural em nível inconsciente uma sociedade injusta concentradora de renda, centralizadora e autoritária, mesmo que em nível consciente lutem contra ela. E é assim que a sociedade de classes pode perpetuar-se, mesmo contra o nosso desejo: porque tem a sustentá-la a cada momento o sistema patriarcal (e também o racismo, que não é tratado neste livro), ou melhor: é o patriarcado, por meio da família, que perpetua a sociedade de classes.

Aparece aqui, pois, o dado teórico que faltava no capítulo anterior. Não basta erradicar a sociedade de classes sem erradicar aquilo que está subjacente a ela e que é a raiz dos preconceitos que tornam possível a dominação econômica, que no caso são o patriarcado e o racismo.

Já é aceito consensualmente entre os cientistas sociais aquilo que as teorias feministas descobriram no início da década de 1970, isto é, que a dominação da mulher vem *antes* da sociedade de classes e é uma precondição essencial para esta, isto é, a primeira condição para que se aceite a relação de opressão econômica.

Ora, o que os países socialistas ainda estão por fazer é questionar a posição da mulher. Ela ainda é cidadã de segunda classe, as profissões para onde se orienta são logo desvalorizadas (magistério, medicina, direito etc.), mostrando que ainda persistem os preconceitos de sexo (e também de etnia). Por isso, por não ser questionado a fundo o processo de dominação, não se questiona a fundo a sociedade de classes, e ela vai retornando no decorrer das gerações.

Assim, com a fabricação da sexualidade, podemos perceber as inter-relações concretas entre patriarcado e sociedade de classes e concluir que, para erradicar esta última, será necessário erradicar também o patriarcado.

Fica agora, ainda, uma última dúvida que enfeixa as duas primeiras: como se dá o funcionamento global do sistema a partir de classe e gênero?

13. SEXUALIDADE, SABER E PODER

Parece-nos que até aqui vêm ficando mais claras as articulações entre a sexualidade e o poder. Para que possamos entender melhor como se passam no concreto as relações entre os sexos, cabe agora a comparação entre a maneira de perceber e viver o corpo e a sexualidade de duas outras classes sociais: o operariado e a classe média moderna. A partir dessa comparação, talvez se esclareça a relação que sexualidade e poder têm com o saber.

A classe operária e a classe média moderna são, além da classe dominante e do campesinato, os outros dois grandes pilares do sistema em que vivemos. Contudo, essas quatro classes sociais não são as únicas que existem nem esgotam o estudo da sociedade de classes. Não foi possível até agora analisar duas outras classes sociais importantíssimas, que são o subproletariado e a classe média conservadora, comumente chamada de "pequena burguesia". O estudo destas duas últimas classes sociais será feito em futuro próximo e, certamente, trará novas luzes ao estudo do dispositivo da sexualidade (especialmente também no tocante às relações entre raça e poder).

A pequena burguesia é a camada dos pequenos proprietários dos meios de produção, sejam eles rurais ou urbanos, e que têm aspirações a crescer e tornar-se uma burguesia mais sólida. Essa classe média conservadora é muito numerosa na América Latina, especialmente nas cidades de porte médio. A classe média moderna, ao contrário, é uma camada que só surge com o avanço tecnológico. Ela é composta dos profissionais liberais, intelectuais, artistas, estudantes universitários, comunicadores, profissionais de informática e de serviços mais sofisticados, bem como dos executivos médios das grandes empresas. O subproletariado, como o nome indica, é o grande exército dos desempregados. Em número, essa classe é maior do que a classe operária, que é o contingente daqueles que conseguem vender formalmente a sua força de trabalho à classe dominante. Na sua maioria, em nosso país, os desempregados pertencem à raça negra.

A classe dominante, a pequena burguesia, a classe operária e o campesinato produzem valor, e a classe média moderna e o subproletariado não produzem valor diretamente. O subproletariado é o chamado "exército de reserva da classe operária", pois nos tempos de expansão econômica muitos deles se tornam operários, e nos tempos de recessão a burguesia os despede, e são eles quem pagam a conta da recessão.

A classe média moderna é o "exército de reserva da burguesia". Ela é encarregada da reprodução das condições de produção. O engenheiro repara as máquinas, o médico, o nosso corpo, o advogado mantém o sistema funcionando através dos seus limites (as leis), os artistas dão condições ao lazer etc. Nos tempos de expansão, a burguesia vai buscar nessa classe os seus quadros e, quando não tem mais necessidade deles, os devolve a ela.

Pudemos perceber que a classe média moderna sente-se dividida entre a classe operária e a burguesia. Semelhantemente a esta, possui o saber, mas, como a classe operária, não detém o poder sobre os meios de produção. Assim, em relação à sua sexualidade, mulheres e homens apresentaram uma curiosa mistura de valores próprios à classe operária e de valores burgueses.

Para percebermos melhor esses encontros e desencontros, vamos primeiro aos operários. Os homens, como já relatamos, viam seu corpo como parte integrante das máquinas que manipulavam, considerando-os bons quando funcionavam bem e tendo como combustível o prazer sexual.

Já as mulheres em geral se consideravam charmosas e sexualmente atraentes. Contudo, sua aparência física era a de seres humanos maltratados por uma vida de trabalho duro, e muitas apresentavam velhice precoce. Quando se lhes perguntava como sentiam o corpo antes e depois de terem tido filhos, sua resposta era surpreendente. Elas sabiam da devastação que a maternidade fizera em seu corpo e não podiam cuidar dele. Não tinham tempo nem dinheiro. Sabiam que haviam perdido dentes, ficado flácidas, adquirido estrias...

Ora, isso não estava coerente com a afirmação dos seus atrativos sexuais. Em sua obra, Freud conta a história do sonho de um menino cuja mãe o proibira de comer umas cerejas que ele queria muito. Quando acordou, Joãozinho, muito contente, contou: "Joãozinho comeu as cerejas..." Em outra parte de sua obra, Freud repara como os pobres deliram da mesma forma que as crianças quando privados de seus desejos.

De certa maneira, as nossas operárias também negavam a dura realidade cotidiana de seu corpo estragado e se julgavam bonitas como as artistas de televisão (em todas as casas, embora pobres, havia uma televisão). Muitas vezes não tinham dinheiro nem para a condução, e obviamente não conseguiam chegar nem perto do padrão burguês de beleza. E assim se dividiam internamente. E a esse corpo chamamos *corpo mistificado*, pois sobre o corpo real elas colocavam um corpo imaginário.

Em relação à sexualidade, essa divisão de cabeça permaneceu o tempo todo. Metade da amostra é a favor do casamento virgem, metade contra. O mesmo acontece em relação ao adultério. Quando indagadas sobre orgasmo, procuram mas não conseguem fingir uma sexualidade dentro dos padrões românticos da televisão. Muitas são obrigadas a fazer aborto por motivos econômicos, embora com grande culpa. Como as camponesas, rejeitam a masturbação e a homossexualidade.

Assim, embora estejam divididas entre os valores tradicionais das regiões de onde migraram, não conseguem ainda absorver os padrões dos meios de comunicação.

Os homens são convencionais em sua sexualidade, adeptos da dupla moral, porém com poucas condições de manter uma vida dupla. Contudo, sentiam-se ameaçados pela entrada da mulher no mundo do trabalho. Para eles, as mulheres que usam métodos anticoncepcionais e trabalham fora não prestam. São mais acomodados com a vida que levam do que as mulheres. Estas, por serem mais oprimidas, têm noção dos itens que compõem a libertação feminina, mas sentem que ainda não podem chegar lá: "Já não se ouve mais os pais como antigamente" ou "A mãe já não fala tudo certo", ou ainda "Já não é mais preciso sofrer tanto como antigamente" etc.

Já as mulheres da classe média moderna são diferentes. Elas têm muito a ver em relação à sua sexualidade, como as burguesas. Como estas, aceitam o sexo antes e durante o casamento, e também o aborto. Mas, ao contrário das mais ricas, têm diálogo com o marido sobre seus problemas sexuais, não fingem prazer para segurar o marido (as operárias estão divididas quanto a esse item) e acham que é com ele que têm que viver uma vida sexual rica e satisfatória. Se acrescentarmos a esses dados o fato de que a maioria das mulheres da classe média acha melhor a vida de casada do que a de solteira, poderemos ter uma ideia do que representa o casamento para a classe média. Se pudesse, a maioria das burguesas, operárias e camponesas voltaria a ser solteira. Mas as mulheres da classe média, inclusive as mais jovens, gostam do casamento.

Foi nesse estrato que encontramos o maior número de mulheres e homens descasados (quase a metade) e também sem religião. Inúmeros ainda foram os segundos casamentos. Nessa classe social, homens e mulheres, para criarem os filhos, não precisam da família.

Na classe média moderna, a família não tem função econômica: ela é apenas o espaço da realização afetiva e da educação dos filhos. Por isso, as mulheres querem ter, ao contrário das mulheres das outras classes sociais, uma relação profunda e gratificante com o marido. Porque têm facilidade de separar-se, a vida de casada é mais uma opção que uma necessidade. Por isso é desejada e vivida positivamente. Ao contrário das outras classes sociais em que a família tem uma função econômica, homens e mulheres da classe média moderna têm uma situação privilegiada.

Na classe operária, a família tem também a função de ser o lugar da reprodução da força de trabalho. Um operário não pode viver solteiro. Precisa da mulher que lhe crie os filhos e trabalhe de graça, esticando até o fim do mês um salário irrisório e cada vez mais roído pela inflação. É pelo trabalho da mulher que os patrões podem pagar salários tão baixos aos seus empregados.

As pessoas da classe média moderna, dispondo de saber e liberdade em relação à família, podem, então, assumir uma posição política independente. Em geral são de esquerda e apoiam a classe operária. Isso porque a única possibilidade que têm de chegar ao poder é aliando-se ao operariado, já que a classe burguesa manipula essa classe média moderna. E é mesmo esse saber e essa disponibilidade que fazem dessa classe um fenômeno específico no mundo atual.

É em seu seio que nasce a maioria dos movimentos de renovação da sociedade. Criadores, artistas, reformadores, revolucionários, grandes cientistas em geral saem dela. Nas outras, é mais difícil isso acontecer, pois um camponês de gênio em geral vai ser um bom camponês e um patrão inteligente, e vai reforçar o seu poder. É essa classe social que tem no final das contas uma grande influência na opinião pública devido, exatamente, a esse seu caráter inovador. Por exemplo: a ação dos intelectuais de esquerda é muito importante para ajudar os operários a adquirirem uma consciência de classe.

Operários e camponeses desqualificam o seu próprio saber porque se veem com os olhos da classe dominante. Julgam-se incapazes de se governarem a si mesmos. E a sua organização política, assessorada pela classe média moderna, que, pouco a pouco, vai fazendo-os conscientes da própria força.

Em geral o operário não acredita que outro operário possa ser um bom governante: o operário vota no "doutor" de outra classe social que julga estar ao seu lado. Já os camponeses ainda mais massacrados votam diretamente no patrão que os oprime (coronelismo), e a classe dominante usa de qualquer fraude para se manter no poder porque em nível inconsciente acha que tudo lhe pertence. Mas a ascensão dos políticos progressistas em nosso país é fruto da luta da classe média moderna — que começou com a resistência contra a ditadura militar —, em aliança com os operários.

Assim, um importante fenômeno vai acontecendo. Os movimentos sociais nascem da classe média moderna e depois migram para as classes oprimidas. Isso acontece, por exemplo, com o movimento de mulheres, a Igreja progressista, as associações de bairro etc. E é nessas classes oprimidas que esses movimentos criam raízes. Em nosso país, a modernização da nação (e não do Estado) está passando pela ideologia da classe média moderna. E esse fenômeno tem muito a ver com o problema da passagem de uma identidade reflexa para uma identidade autônoma. É justamente aqui que entra a articulação do saber com a sexualidade como elemento renovador do poder.

Assim como a classe dominante produz e usa o saber para reforçar seu poder, a classe média moderna que não dispõe de poder, mas de saber, usa esse saber para transformar a natureza do poder e assim alcançá-lo. Vamos dar alguns exemplos:

Começamos pelo movimento de mulheres. É com o feminismo que a mulher aprende a adquirir uma identidade autônoma, isto é, deixa de ver-se com os olhos do homem e passa a ver-se com seus próprios olhos, tal como multimilenarmente fez o homem. Com o sindicalismo crítico, os operários passam a não se ver mais com os olhos do patrão como ignorantes e incompetentes, mas a ver-se com seus próprios olhos, requalificando seu saber até então massacrado pelas classes dominantes num projeto popular nacional. O mesmo se dá com os negros e outros segmentos da sociedade, que começam a não se ver mais com os olhos dos brancos.

Quando levadas às suas últimas consequências, essas identidades recuperadas podem chegar a levar a nação como um todo a elaborar um pensamento e uma cultura próprios. No caso do Brasil e dos outros países subdesenvolvidos, a visão que eles têm de si mesmos passa pela visão que o Primeiro Mundo tem deles como corruptos, incompetentes e atrasados. E com essa cultura reflexa baseada em livros traduzidos, filmes estrangeiros e a valorização da produção cultural e industrial internacional em detrimento da nacional é que se forma um caldo de cultura propício para a dominação econômica. E as elites nacionais se aliam às internacionais para asfixiar ainda mais os países "inviáveis". Migram os capitais para os países ricos, diminuem os investimentos, e pouco a pouco o colonialismo cultural vai dando lugar a esse colonialismo econômico sofisticado do fim do século XX.

É na medida em que as nações, através dos seus segmentos dominados, vão construindo uma cultura própria e valorizando as especificidades do seu saber que cada país pode reagir às investidas econômicas. Como exemplo, citaremos o que acontece nos Estados Unidos na indústria do livro: não existe quase nunca nenhum best-seller estrangeiro na lista dos mais vendidos do *New York Times*. É dada prioridade absoluta à produção cultural nacional. E é na medida em que os oprimidos se olham com seus próprios olhos que podem fazer o opressor recuar. Em duas décadas, as mulheres feministas transformaram a condição da mulher em nosso país, fazendo recuar o machismo, o sindicalismo novo está fazendo recuar a classe dominante. E uma cultura nacional autônoma poderá sem dúvida colocar os pensadores de nosso país no nível dos melhores pensadores originais de nosso tempo, o que contribuirá para a superação do subdesenvolvimento, como fizeram em pouco tempo outros países antes pobres e hoje ricos, como é o caso da União Soviética, da Suécia etc.

Assim como a sociedade patriarcal está subjacente à sociedade de classes, criar uma cultura original é o melhor meio de transformar o econômico. O pobre adquirindo uma identidade de classe e as mulheres adquirindo identidade de gênero (e os não brancos, identidade de raça) são capazes de produzir uma identidade nacional autônoma que pode dobrar as nações dominantes, e superar assim o colonialismo.

Marx dizia que a cultura é uma espécie de superestrutura montada em cima das estruturas políticas e da infraestrutura econômica. Pelo que acabamos de ver, não é assim. A cultura é uma espécie de "criptoestrutura" que age sobre o econômico e o político. E aqui estamos definindo cultura como conjunto de gestos, atitudes, instituições e dispositivos que organizam a nossa vida cotidiana.

TERCEIRA PARTE

O PODER

14. OS SEIS MESES

Quando o livro *Sexualidade da mulher brasileira* foi lançado, em 1983, minha vida mudou totalmente. Os lançamentos no Rio e em São Paulo foram uma loucura. No Rio, Ipanema chegou a ficar congestionada. Toda a imprensa, a televisão, era gente que não acabava mais, e todos polemizando. A simples e inocente pergunta que fazíamos na pesquisa fora tão longe que já nem se via mais o começo. Depois que foi lançado, acho que em três anos fiz umas 150 viagens com aquele livro debaixo do braço. Lembro que tinha época em que eu passava cinco dias em cinco estados diferentes, um por dia...

Enquanto isso, as coisas continuavam rolando. No início dos anos 1980, começou um sério caso conosco. Frei Leonardo Boff acendera as iras do Santo Ofício com a Teologia da Libertação. Já naquela época sabíamos que aquilo era algo mais do que parecia ser. Essa corrente de pensamento, nascida na década de 1970, era a sistematização do trabalho que os militantes cristãos haviam feito nas décadas de 1950 e 1960 sobre o qual não tiveram tempo de refletir.

Com o correr do tempo, ela se tornara conhecida em toda a América Latina e a base ideológica da resistência do continente. Era a época da fundação do PT, da revolução na Nicarágua, em que os cristãos tomavam parte ativa; de El Salvador, em que os cristãos pegaram o bonde andando, e de tudo o que estava acontecendo no Brasil como resistência à ditadura militar.

Quando houve a virada conservadora em 1980, Reagan, Thatcher, Helmut Kohl e o papa João Paulo II tomaram o poder. Intensificou-se, então, a luta contra as esquerdas no mundo inteiro, desde a Polônia até a Nicarágua, passando pelo Brasil, é claro. Mesmo nos Estados Unidos, as Igrejas, tanto a católica quanto a protestante, viam com simpatia a corrente progressista. Nesse ano, os bispos americanos recusaram apoiar Reagan na invasão da América Central e tomaram uma posição nitidamente antinuclear e antiarmamentista, o que contrariava os planos do presidente norte-americano.

Reagan, então, tentou o apoio do Conselho Mundial de Igrejas, mas não conseguiu. Só o Vaticano fechou acordo. O primeiro passo seria, pois, controlar a corrente progressista da Igreja, que já estava sendo analisada e seguida no mundo inteiro. Houve a tentativa da viagem do papa à Nicarágua concitando os cristãos a se retirarem da política, mas o povo rejeitou o apelo, e durante a missa solene, em frente às câmeras de TV do mundo inteiro. A viagem papal nos países andinos também não surtiu os resultados esperados. A ação foi então concentrada contra os teólogos da libertação, e proibiram o *Igreja, carisma e poder.**

E fomos nós, leigos, que estimulamos Leonardo a literalmente pôr a boca no mundo. E a reação não se fez esperar. Não só a Igreja

---

* Livro de Leonardo Boff publicado originalmente pela Editora Vozes em 1981. Nele, o então frei dominicano sugere um novo modelo de governança da Igreja, baseado no carisma. Por causa do livro, em 1984, Boff foi levado a julgamento pelo Vaticano e condenado a um ano de "silêncio obsequioso". Em 1991 pediu ao papa dispensa de seus votos religiosos. (*N. da E.*)

conservadora se abalou, mas o mundo todo tomou conhecimento do debate. As bases da Igreja no Brasil, os militantes leigos cristãos já agiam fundo havia muito tempo, na fundação do PT, na luta pelas diretas junto com os partidos de esquerda, o que apressou o fim da ditadura militar.

Em 1985, Frei Leonardo, Frei Ludovico e eu fomos convidados a nos afastar da Editora Vozes, o que aconteceu em fins de 1986. Depois de 25 anos de trabalho, fui embora em absoluto silêncio, sem nenhum "até logo" que fosse. Foi duríssimo. Sabendo que ia sair, publiquei, ainda em 1985, um livro que saiu diretamente do *Sexualidade: por uma erótica cristã*. O primeiro livro documentara que eram os valores cristãos na área da sexualidade que tornavam o povo submisso em nível inconsciente (como já vimos aqui), e um grupo de teólogos discutiu isso comigo. E eles ficaram sob absoluto anonimato. Eu comprei a briga, o Vaticano não gostou e eu perdi o emprego.

Isso aconteceu no fim de 1986. Na época eu não compreendia, mas já estava lidando em profundidade com a dimensão sagrada do poder.

No início de 1986, sabendo que ia ser mandada embora, pois tivemos um ano para nos preparar, resolvi entrar na política. Era o ano das eleições para a Constituinte, e eu queria ser constituinte, e não uma "deputadazinha de merda", como eu dizia na época a quem quisesse ouvir. Escolhi o PDT, partido do Brizola, porque sabia que a direita internacional queria a cabeça só de duas pessoas no Brasil: Lula e Brizola. Quaisquer que fossem as suas divergências, eram eles que tinham influência sobre as grandes massas neste país. E, como o partido do Brizola era mais forte no Rio (na época eu não gostei dos xiitas do PT), resolvi entrar para o PDT. De fato, consegui uma legenda e muito pouco dinheiro. Mas achava que meu nome público ajudaria, como de fato ajudou.

E foi aí que me deparei também, ao mesmo tempo que brigava com o poder sagrado, com a mais dura competição da história do Brasil. Eu já estava nas malhas de ferro da dimensão política do poder.

E aí também o poder foi implacável. Vi como o governo central fez todo tipo de falcatruas contra a esquerda, como a direita internacional jogou dinheiro a rodo nos candidatos de sua escolha, porque afinal era o futuro do país que estava se decidindo, e principalmente vi o que o governo federal fez contra Brizola e o que foi feito dentro do próprio partido conosco, que não éramos da curriola.

Lá, os "fisiológicos de esquerda", que controlavam a máquina do partido, tinham prioridade sobre aqueles que, como eu, eram oriundos dos movimentos sociais, e depois, a partir do dia 16 de novembro, vi como nossos votos foram negociados dentro do próprio partido. Os votos saíram, não só ali como em todo o Brasil, dos ideológicos para os fisiológicos, dentro e fora dos partidos. Foi assim que "quase" me elegi. Fiquei entre os 10% mais bem votados do estado, mas sei quem fez as fraudes com os votos que faltaram para que eu e mais outras pessoas assumíssemos o que o povo tinha nos outorgado: um lugar na Constituinte. Mas, evidentemente, nem eu nem ninguém pode provar nada do que aconteceu então, embora o país todo saiba.

Sem querer, eu já estava jogada dentro do mundo da decisão que é o mundo masculino. Os últimos seis meses de 1986 foram exatamente os seis meses em que fui homem.

Juro que, se não tivesse feito a pesquisa sobre sexualidade, eu teria perdido a minha identidade feminina, mas o meu mal foi conservar essa identidade intacta dentro daquele jogo pesado tão intenso.

E tem mais. Não sabendo se ia ser eleita ou não, pois pela primeira vez estava vendo o jogo pesado de todos os lados, eu queria garantir o meu futuro, e resolvi montar uma empresa. Evidentemente, uma editora, pois, mais do que ninguém, eu conhecia a fantástica influência que uma editora de livros (e não a televisão ou os jornais) exercia sobre a sociedade. Tudo o que muda passa antes pelos livros e só depois a mídia enxerga.

Assim, um amigo, hoje falecido, acreditou em mim e me deu dinheiro. Dinheiro e seu filho, e nós montamos a Editora Espaço e Tempo. Isso tudo naqueles últimos meses de 1986, porque o primeiro livro saiu pouco antes do dia 15 de novembro. Eu já estava dentro, portanto, da dimensão econômica do poder. O susto que levei quando percebi o que se tinha que fazer no fim do mês para honrar a folha de pagamento e os fornecedores me deixou apavorada. Tinha insônia, suava frio, sentia tremores noturnos, taquicardia, tudo o que tinha direito nos últimos meses do ano.

Hoje não sei como tive coragem de fazer aquilo tudo. Mas acho que, para viver plenamente, a gente tem que ser bastante irresponsável... Ah, e aquela paixão pelo desconhecido. Meu Deus, quando é que vou me livrar dela? Tudo o que quero na vida é ser uma mulher pacata! Mas naquele ano (eu vim a perceber depois) eu estava fazendo o que Freud não teve coragem quando não entrou como homem no mundo feminino. Eu estava entrando como mulher no mundo dos homens. E como estava estranhando! Por isso, acho que essa experiência é para nenhum transexual botar defeito, porque, se eles estão no corpo errado, eu estava na cabeça errada e no mundo errado...

E foi assim que, no fim de 1987, eu peguei um belo câncer.

15. AS DIMENSÕES DO PODER

E não era para menos. Um câncer no útero sem metástase até que foi pouco para tudo aquilo que vivi naquele mundo pobre e sem nenhuma gratificação. Eu devia era ter morrido de infarto como os homens. O que me salvou foi mesmo ser mulher.

Acho que perdi minha imunidade física naquele ano de 1986/87, porque aquele mundo era e é muito brochante. Não sei para onde foi minha energia sexual. Não estava em lugar nenhum do meu corpo, nem na cabeça. Simplesmente sumira!

Minha vida afetiva, que não é para contar aqui, porque este não é um livro autobiográfico, foi sempre muito rica, principalmente muito divertida, e durante aqueles dois anos nada nem ninguém conseguiu me interessar. Brochei geral. Só consegui reviver o amor depois que operei o câncer. E não tão intensamente quanto antes.

Quando aquele câncer idiota apareceu, eu não tinha dinheiro para tratá-lo. Nunca fui muito ligada em dinheiro, porque pensei sempre mais em viver do que em acumular. Assim, me vi num beco sem saída. Quero dizer aqui, de passagem, que considero as pessoas que, como eu, passaram muito tempo num emprego, como não pertencentes diretamente ao mundo masculino, pois estão protegidas por um salário, leis, e a empresa, nesses casos, age como um pai, ou em muitos casos como uma mãe. O verdadeiro mundo masculino é o mundo da decisão em que você tem que aprender a "tirar leite de pedra", como eles dizem. E quem decide está sempre só, porque o ato de decidir é o mais solitário que existe.

E foi justamente porque eu gostava do que fazia no emprego que nunca me preocupei em ganhar dinheiro. Era uma coisa ou outra. Era como assobiar e chupar cana ao mesmo tempo. E, por isso, como quase todo assalariado, eu continuava pobre (média).

E devo às mulheres de São Paulo, de Brasília e do Rio de Janeiro o fato de ter podido pagar meu tratamento. Elas se cotizaram, comandadas pela maravilhosa Moema São Thiago, a quem até hoje não sei como agradecer. Mas, amigas, vocês foram um oásis neste mundo cão!

Sim, porque logo depois do câncer, uns seis meses depois, levei outra punhalada nas costas. Um dos sócios da minha editora, que queria o meu lugar, manipulou os outros, e eu tive que ir embora. Dessa vez, sofri muito, mas só tive uma úlcera. Sarou logo, nem precisei fazer dieta.

Este livro é, portanto, uma catarse. Quis escrever tudo o que sei sobre o mundo masculino para que os homens e mulheres possam compreendê-lo como eu o vi. Como um ET vai de um mundo para outro totalmente desconhecido, assim me senti eu. E este livro é também para que eu não tenha mais nenhum câncer ou para que eu não morra de infarto. Porque continuo no mundo masculino, mas o rejeito radicalmente. E com ele também rejeito o outro lado, o mundo doméstico que o sistema destinou à mulher e que é o suporte desse sistema. Porque a casa é boa, porque ela é um oásis num mundo assassino, é que este mundo ainda não explodiu.

Quero, sim, um mundo novo. Mas, para conhecer esse mundo, é preciso que você entre comigo na emoção das dimensões do poder que eu vivi: a dimensão sagrada, a política, a econômica e também a científica. Esta foi a que vivi aos 18 anos, quando tive sem querer uma convivência tão próxima com a loucura, mas, graças a Deus, consegui me safar. E creio que são essas as grandes dimensões do poder.

No entanto, a maior de todas é o domínio que ele exerce sobre nossa cabeça quando nos controla a partir do inconsciente, como acabamos de ver nestas primeiras partes do livro. Se o poder é interno e externo a cada ser humano, parece que não há saída. Mas há brechas. Há sim.

16. A RELIGIÃO COMO FONTE DE PODER

A fé religiosa é o princípio organizador de todos os outros sentimentos e motivações no ser humano. É ela que dá o sentido da vida, colocando a existência humana dentro de um contexto mais amplo e permitindo que soframos com esperança todos os outros sofrimentos. A fé tenta erotizar de certa forma o princípio da realidade com uma finalidade precisa: santificar o sistema econômico em que ela está inserida. Aqui estamos nos referindo literalmente à fé em Deus transcendente.

Muitos, no entanto, poderão arguir que esse tipo de fé hoje em dia já sofreu questionamentos e que grande parte dos seres humanos deste fim de século XX não a possui mais. De acordo. Mas qualquer ser humano, por mais moderno que seja, precisa de um princípio que organize sua experiência e dê sentido à sua vida. Por isso, o que vemos hoje é o nascimento dos deuses substitutos do Deus Eterno: o Estado, a revolução, o dinheiro, o consumo, o desejo de poder, e até (por que não?) o cinema, o pós-moderno ou o esporte... Se nada houver, a experiência humana acaba por perder o seu sentido e se destruir.

Em termos coletivos, quando o Deus transcendente é erradicado, como estamos vendo neste fim de milênio pela primeira vez na história humana, os seres humanos perdem o desejo de lutar pelo coletivo, não aguentam muitos sacrifícios e trocam sua revolução pelo consumo, tal como Esaú trocou sua herança por um prato de lentilhas...

Por isso, começaremos a análise da dimensão religiosa do poder pela dimensão literalmente institucional da fé concreta da maioria da população, para só depois vermos o que acontece.

Comecemos, assim, pelo nosso próprio país.

Já vimos como os valores cristãos em nossa pesquisa valiam apenas para os dominados. A classe dominante rompia sem culpa a lei do Estado, da Igreja, da economia, da família etc., e o fazia sem punição. Mas, à medida que se ia baixando de classe social, as sanções por essas mesmas transgressões iam ficando cada vez mais severas, chegando ao seu máximo entre os camponeses.

Honestidade, fidelidade, autossacrifício, virgindade, autenticidade, cumprimento da lei de Deus e dos homens eram valores rejeitados pelas classes mais altas e "exportados" para as outras classes sociais. Tal como os fariseus no tempo de Cristo, para os ricos a lei era "faça o que eu digo mas não faça o que eu faço". Isso quer dizer que muito pouco mudou nestes últimos dois mil anos...

Em seu núcleo, entretanto, e em seu início, a religião cristã era essencialmente libertadora dos oprimidos; no entanto, com o correr dos séculos, ela foi sendo adaptada pelas classes dominantes, tanto religiosas como seculares, para conservar o *status quo* e impedir o advento de uma sociedade mais justa. A mística de carregar a cruz deixando a recompensa para a vida futura acaba por enraizar os mais pobres em sua condição de oprimidos. Portanto, ela se torna uma religião adaptada à sociedade de classes depois da morte, os pobres e sofredores serão para sempre felizes no Céu, e os ricos e poderosos sofrerão para sempre a condenação eterna. Por isso, vale a pena sofrer com paciência nesta vida a fome, a miséria, a injustiça...

Essa constatação feita por nós quanto ao catolicismo é confirmada quanto ao protestantismo pela obra de Max Weber e Tawney. Em seu famoso livro *Religion and the Rising of Capitalism* [Religião e a ascensão do capitalismo], Tawney mostra como o protestantismo se adapta e acaba dando origem ao capitalismo avançado dos países anglo-saxônicos, ratificando-o e santificando-o até hoje, tal como o catolicismo santifica na prática a sociedade de classes na nossa América Latina.

A ideologia básica do protestantismo é de que basta apenas a fé para salvar, mas não são necessárias as obras. Desse modo, desde o século XVI, criou-se nos países protestantes, tecnologicamente mais avançados do que os católicos, uma mística da eficiência e do pragmatismo. Os mais produtivos seriam os mais virtuosos, e os menos produtivos, os mais pecadores. Ou melhor: quanto mais rico, mais virtuoso. Criou-se a mística do trabalho duro, da negação extrema do corpo, da sexualidade puritana, a fim de que todo o desejo se voltasse para a obtenção da riqueza.

Apesar desse puritanismo, o que acontece do século XVI ao XIX é uma grande aceleração da corrida pela riqueza a qualquer preço. O Império Britânico forma-se nessa época. Segundo Eduardo Galeano, em *As veias abertas da América Latina*, a acumulação primitiva de riqueza que tornou possível esse império foi o tráfico de escravos, a rapinagem da prata e do ouro nos países latino-americanos (devido às suas péssimas administrações, os espanhóis e portugueses estavam sempre em dívida com os ingleses e pagavam-nos com esses metais) e, finalmente, a rapinagem no século XIX do subcontinente indiano e da China. Dessa forma, os princípios puritanos do cristianismo coabitavam sem pudor com a violência, a pirataria, a guerra, os saques e a exploração dos colonizados.

É interessante notar que, no caso do protestantismo, a motivação de ganhar o Céu era exatamente oposta à do catolicismo. Ao invés de carregar a cruz e se submeter com paciência, iria para o Céu aquele que tivesse mais atividade e eficiência. Talvez por isso esses países hoje exerçam a hegemonia econômica sobre os outros países do mundo, a mensagem chegava ao inconsciente individual e coletivo, assim distorcida: se não são necessárias as obras, mas só a fé, pode-se fazer qualquer coisa, até a injustiça, desde que se tenha fé. Assim se começou a rapinar, a explorar os mais pobres. Agudiza-se e muito a competitividade, que era exatamente aquilo que o Evangelho desejava erradicar. Assim, tanto a ideologia protestante quanto a católica, na prática cotidiana, acabam por inverter radicalmente os valores do Evangelho.

Além do catolicismo e do protestantismo, o islamismo parece apresentar a mesma estrutura. Nesse caso específico, a sexualidade e o prazer exercem um papel determinante na alienação dos homens. Aqui também se adia a recompensa para a outra vida. Segundo o Corão, um homem pode ter tantas mulheres quantas possa sustentar (o Corão dizia até quatro, mas isso nunca foi observado pelos ricos). Ora, isso torna a poligamia um privilégio de classes, e dá origem a um grande excedente de machos entre os mais pobres. Embora proibido pelo Corão, o homossexualismo masculino é comumente praticado nessas camadas. Um dos ditados mais populares dos países islâmicos diz: "Mulher para procriar, homem para amar." Ainda segundo o Corão, todo aquele que acorrer ao grito de guerra santa (*jihad*) e der sua vida pelo Islã terá direito na outra vida a sete *huris* no Paraíso. As *huris* eram virgens belíssimas.

E isso explica, ao menos em parte, como, desde o século VII, quando foi fundado por Maomé, o Islã tornou-se o conjunto de povos mais belicosos da Terra, formando até hoje um sólido império com mais de um bilhão de fiéis. E podemos começar a entender as atitudes e os fatos que a nossos olhos parecem provir de um fanatismo medieval e que diariamente vemos nos jornais e na televisão. Mas esse comportamento estranho é a trama do cotidiano de sociedades que ainda são teocráticas.

Também o hinduísmo apresenta uma concepção de vida e morte semelhante às religiões que já estudamos. A sociedade indiana é composta milenarmente de castas que não se misturam. Essas castas vão desde os párias intocáveis e miseráveis até os brâmanes, a classe alta da sociedade. Essa sociedade permanece estável, com a mesma estrutura econômica, há pelo menos cinco mil anos. O hinduísmo afirma que todo aquele que se mantiver dentro das leis religiosas em sua casta se reencarnará após a morte numa casta superior. E só depois de cumprir todo o seu *karma* se unirá ao todo (*Atman*). E até hoje o subcontinente indiano é habitado por quase um milhão de pessoas que são imunes ao progresso tecnológico e se dedicam a bens que não são deste mundo. Talvez isso explique por que essa região não se desenvolve, permanecendo uma das mais pobres do mundo, nem se inclui entre os países socialistas que prometem a recompensa do trabalho ainda dentro da vida presente.

O país que está fazendo um gigantesco progresso econômico é a China, país vizinho da Índia. Ali, o confucionismo não era uma religião, mas um sistema moral e filosófico. Por isso deu brechas para que o povo se revoltasse contra o seu atraso econômico.

Nos níveis mais altos de todas as religiões encontram-se os místicos, isto é, aqueles que levam a um grau extremo os princípios e as práticas de sua religião e conseguem chegar a uma unidade psíquica com o todo. Ainda nesta vida, eles conseguem reviver o sentimento oceânico de forma sublime mas muito real. Um místico hindu, um sufi, um mestre protestante ou os grandes santos católicos, nesse nível, falam e vivem uma linguagem de amor universal e fraternidade concreta que surpreendentemente é a mesma para todos. É interessante ver como a linguagem de um sri Aurobindo se parece com a de são Francisco de Assis, de um Gandhi ou de Jacob Boehme, por exemplo.

Ora, isso talvez queira dizer que a relação com a transcendência, do mesmo modo que a sexualidade, talvez seja uma invariante da espécie humana, e que também nada foi mais manipulado do que essa relação, pois ao lado dos grandes místicos (e contra o desejo deles) se fizeram todas as guerras, todos os genocídios, todas as crueldades possíveis em nome de Deus. Centenas de milhões morreram nas guerras religiosas, no Oriente e no Ocidente, nas Cruzadas, na Inquisição, tudo em nome de Deus. E, quando os extermínios eram cometidos, a culpa ficava com aquele que era exterminado, porque era pecador ou herege. O assassinado morre e ainda fica com a culpa. O assassino sai sem punição e glorificado por seu heroísmo em defesa da fé e por sua santidade...

E o pretexto para isso era muito simples: durante longo período da história, os povos estrangeiros, as mulheres, os índios, os negros, por exemplo, eram considerados inferiores pela religião dominante, isto é, segundo suas teologias, eles ou não possuíam alma, ou possuíam uma alma "menor", como era o caso do aristotelismo. Por exemplo: esse afirmava que o feto mulher só adquiria alma oitenta dias depois de concebido, e o masculino, quarenta... daí a mulher ser "naturalmente inferior ao homem".

Na América Latina, a Igreja chegou junto com os conquistadores. Estes exterminaram, em quatro séculos, 80 milhões de índios "infiéis" à sombra da cruz. A Igreja foi também uma das instituições mais escravistas, porque o negro mal era um ser humano, talvez nem tivesse alma. Assim, milhões de negros morreram precocemente dentro de uma escravidão sem perspectivas, em que os senhores eram os cristãos. O mesmo aconteceu com os infiéis turcos nos tempos das Cruzadas.

A manipulação do nome de Deus se torna uma das manipulações mais sofisticadas do mundo patriarcal e também a mais eficaz: até o século XIX, qualquer realeza era de direito divino. Faraós e imperadores muitas vezes eram as próprias encarnações do deus e, por isso, por mais cruéis e genocidas que fossem, eram adorados por seus súditos, e seus direitos nunca foram questionados. E assim, eles se puderam manter até quase os dias de hoje: seu poder se sustentava porque era sagrado, e por isso afirmamos que a primeira e mais importante dimensão do poder é ser sagrado. E com que sofrimento estou afirmando isso!

Por isso, vale a pena agora estudar de dentro o mito que é o que dá sentido à vida e vai, portanto, ser o suporte privilegiado do poder, sem o qual ele se esfacelaria, e será o alicerce mais fundo do vale-tudo econômico.

17. O MITO

Talvez essa função de religião fique obscura se não entendermos em que consiste o seu componente interno. Já vimos que "externamente", as religiões, com o decorrer dos séculos, tendem a sacralizar os sistemas dominantes. Mas qual a origem dessa sua força fantástica? Já vimos como o homem ao mesmo tempo teme o "sentimento oceânico" da sua primeira infância e, também, como nada mais, no resto da sua vida chega à profundidade e à completude daquele tempo em que era "perverso polimorfo" e vivia imerso em todo o seu corpo.

Não é surpreendente, pois, que fique para sempre almejando voltar aquele sentimento de unidade com o todo, cujo embrião está na sua primeira infância, na relação com a mãe. Fica, então, no mais profundo do ser humano, a nostalgia dessa harmonia. Ora, as religiões oferecem essa unidade perdida mas *após a morte*. E isso se dá em todos os tempos e em todas as culturas, pois não há cultura humana que não possua os seus mitos, mitos esses essenciais para a sua sobrevivência. Desde o início da humanidade, os xamãs, os místicos de todos os tempos sabem reviver essa unidade perdida ainda nesta vida, não mais com a mãe mas sim com todo o universo, projeção da mãe que tudo engloba.

E são os mitos, isto é, o conjunto de crenças e atitudes do grupo em relação à transcendência, que dão a eles e aos outros o sentido da vida e da morte. E essa transcendência é tão forte que ela é ligada no ser humano à sua mais profunda e primitiva imanência. Assim, se o mito e a cultura não se conectam bem, ou morre o mito, ou morre a cultura. Um exemplo disso é o mito cristão e o pensamento greco-romano, que mais nos interessa aqui.

O pensamento greco-romano tomou formas avançadas, mais racionais e abstratas que seus mitos, muito antigos e próprios para culturas mais arcaicas (o mito grego remonta às culturas matricêntricas que antecederam à civilização patriarcal e tecnologicamente mais avançada da Grécia). O mito cristão, originário do pequeno povo judeu da Ásia Menor, tinha mais condições de se adaptar a esse pensamento (um Deus único, que vai permitir uma centralização rígida por ser divina, uma mística para o oprimido que o fará submeter-se com alegria e fé a qualquer opressão etc.) e, assim, no século III, se torna a religião oficial do Império Romano, e a partir daí o mito grego é considerado idolatria. Nesse caso, foi o mito que se decompôs e a cultura prevaleceu, adotando um mito novo.

Um exemplo moderno dessa desconexão, mas no sentido contrário, isto é, em que o mito está retardando o avanço de uma civilização, é o mito islâmico, uma variação arcaica do mito cristão, correspondendo no século XX a uma civilização ainda teocrática e impedindo-a de se relacionar com os Estados tecnologicamente mais avançados ao preço de muitos conflitos e guerras sangrentas. Um Estado teocrático num mundo agnóstico: seus membros são considerados "fanáticos" e ultrapassados.

Nesse contexto, vale a pena nos determos sobre o mito cristão, pois ele é a base da estrutura de pensamento de todo o mundo ocidental e age a partir do inconsciente de todos os seus membros, homens e mulheres, quer sejam religiosos ou não, quer creiam, quer não creiam em Deus.

Em seu livro *The Masks of God*,* o mitólogo americano Joseph Campbell estudou todos os mitos conhecidos da história humana e dividiu-os em quatro grupos. Mais tarde, percebeu que esses grupos correspondiam às fases cronológicas da história humana.

O primeiro grupo é o daqueles mitos em que o mundo foi criado por uma deusa Mãe sozinha sem ajuda de ninguém e que geralmente é associada à Terra. Esse é o caso do mito grego, por exemplo, em que a deusa mãe de todos os deuses é Geia (Terra) e do mito nagô, em que Nanã Buruquê é a mãe de todos os orixás.

No segundo caso, a deusa mãe é destronada ou morta por um deus macho, como no caso da cultura asteca ou inca.

No terceiro caso, um casal de deuses ou um deus andrógino é o criador, tais como o *yin* e o *yang* da mitologia chinesa e o deus andrógino dos hindus.

No quarto grupo, um deus macho cria sozinho o universo e o ser humano. Esse é o caso do mito persa, dos medas e principalmente do mito cristão.

Os três primeiros capítulos do Gênesis talvez sejam o texto mais importante da cultura ocidental. Quando o Gênesis foi escrito, a civilização patriarcal já estava instalada. Em relação ao homem e à mulher, vários fatos são decisivos nesse texto. Em primeiro lugar, Deus tira a mulher do corpo do homem, especificamente de uma costela. Mas, se fizermos uma leitura mais atenta do texto, aplicando os princípios da psicanálise, vemos que aí está sendo usado um mecanismo psíquico de defesa muito conhecido: o deslocamento. A mulher não foi tirada da costela, mas, no inconsciente do autor,

---

* Ed. bras.: *As máscaras de Deus*, 4 v., São Paulo, Palas Athena, 2010. (*N. da E.*)

saiu do ventre do homem. O homem pode dar à luz a mulher. Nas culturas anteriores, a capacidade de parir era o que dava às mulheres um caráter sagrado e as fazia detentoras do poder de decisão. Agora, esse ato de parir está desqualificado: elas já podem parir, porque o homem pariu primeiro... e pariu a própria mulher!

Em segundo lugar, a mulher, seduzida pela serpente, tenta o homem a comer o fruto da árvore do conhecimento do bem e do mal que fora proibido por Deus sob pena de morte. E por isso os dois são punidos com várias maldições e expulsos do Paraíso.

A interpretação popular desses últimos quatro mil anos é de que o pecado original foi a primeira relação sexual entre o homem e a mulher. Certamente a intenção do autor foi uma intenção libertadora, mas essa explicação excede os limites deste trabalho. O que nos interessa é seguir a versão popular de queda: a sexualidade. Dentro dessa perspectiva, fica muito clara a semelhança dessa "queda" com a cena da "queda primordial" descrita pela psicanálise na infância de cada menino, já analisada neste livro.

Como no Paraíso, o homem desobedece à lei do pai porque quer possuir a mulher (no caso da criança, a mãe é a única mulher disponível). Iavé é o Deus Único, Onipotente e Onipresente, centralizador, impondo leis de comportamento que têm que ser cumpridas sob pena de punições graves.

Deixamos de lado as implicações teológicas mais profundas, que não é possível desenvolver aqui. Neste texto, nos interessam mais as implicações psicológicas. Tanto no Gênesis como na vida real da criança, o pai onipotente pune o filho deixando-o só, expulso do Jardim das Delícias (Paraíso), que no caso é a felicidade dos primeiros anos de vida. Nesse momento, a mulher passa a ser ao mesmo tempo desprezada e temida por ser a causa da tragédia, e suas punições são mais graves que as dos homens.

Daí para sempre a mulher ocidental vai carregar essa culpa, principalmente na área da sexualidade. Ela vai ser considerada a tentadora, a culpada de todos os males, aquela que perturba a relação do homem com a transcendência, trazendo-o de volta para a perigosa natureza. Ela será a sedutora, a desestabilizadora do homem e de seu poder. Dessa forma, a Escritura assim interpretada santifica a erradicação do feminino na cultura patriarcal. Antes, nas culturas primitivas, era o princípio feminino e o masculino que governavam juntos o mundo; agora, só o masculino governa: instaura-se e se santifica a lei do mais forte.

No momento em que é punido, Adão perde a harmonia com a natureza de que antes gozava e muda a sua relação com a morte, da qual passa a ter medo. É também obrigado a trabalhar a terra e adquire o conhecimento do bem e do mal. Isto é, da sua nudez, da sua fraqueza.

Em muitos mitos aparece a presença do Jardim das Delícias. Provavelmente são reminiscências, dentro da cultura patriarcal, das fases anteriores da humanidade (culturas de coleta), em que os homens não trabalham sistematicamente, só colhiam os frutos da terra e caçavam pequenos animais. Da queda em diante, a libido masculina se dirigirá para o trabalho. E, por ter adquirido um novo conhecimento, o do bem e do mal, através do trabalho, a sua nova relação com a natureza, vai reprimir a sua sexualidade e com ela dividir o corpo da alma com todas as consequências que conhecemos. E Iavé, o centralizador, o autoritário, a Lei, personifica exatamente o que virão a ser as estruturas sociopolítico e econômicas da cultura patriarcal, inclusive nos seus estágios mais avançados. Por isso, em vez de se desqualificar como mito nas sociedades tecnológicas, o judeu-cristianismo cresce.

E fica então a dúvida: se os poderosos manipularam esse desejo oceânico de unidade em cada ser humano, levando-o a aceitar uma sociedade desigual e injusta nesta vida, prometendo o êxtase na outra vida (é essa a definição de beatitude no pensamento cristão), então existem duas hipóteses:

- ou o ser humano é tal que repete em si mesmo uma estrutura já existente, isto é, Deus deu esse sentimento oceânico para que ele pudesse ligar-se a uma ordem de ser superior, ou

- o homem cria uma ordem superior manipulando os seus sentimentos fundamentais, para satisfazer os seus interesses nesta vida.

Mais que no tempo de Marx, essa dúvida é hoje muito grave. Por um lado, é altamente improvável que sejamos os seres superiores do universo; portanto, deve haver algo maior do que o ser humano, e que apenas pressentimos, ou então isso tudo é criado para que não nos suicidemos ou percamos o sentido da vida, e nos acomodemos à opressão.

Acredito que nunca possamos saber a resposta dessa dualidade, por maiores que sejam os avanços da ciência. E talvez seja a procura dessa resposta o próprio substrato da vida humana.

Como todas as realidades humanas, a transcendência também é ambígua.

18. O JOGO PESADO

Depois de ver o que a amplitude da manipulação religiosa do que há de mais profundo na psique humana pode significar para o sistema dominante, é preciso determo-nos especificamente no lado econômico desse sistema.

Aí, em vez de fazer considerações teóricas, eu gostaria de contar qual a minha emoção ao penetrar no seu interior.

Já disse que, enquanto estava empregada e conseguia encolher-me num orçamento mensal, não percebia as dimensões da competição. Estas só apareceram quando comecei a montar uma empresa e, consequentemente, a tomar decisões econômicas.

Primeiro, foi conseguir o capital. Logo descobri que os empresários não se entusiasmam com nada que não seja seguro, porque é muito fácil perder dinheiro e muito difícil ganhá-lo. Essa é a primeira lei do sistema. Tanto é verdade que grande parte da humanidade perdeu tudo...

A segunda lei que encontrei foi a manipulação: o vale-tudo. Se, conseguido o capital, você chega ao fim do mês sem ter dinheiro com que pagar a folha de pagamento e os fornecedores, você aprende a fazer qualquer coisa para conseguir esse dinheiro. E em tempos instáveis há sempre uma faca sobre a cabeça de cada um. O homem anda sempre na corda bamba, se virar para um lado, cai, se virar para o outro, cai também.

Muitas vezes é pior do que isso. Para se conservar, para não "quebrar", deixa de pagar a quem deve, suscitando assim um efeito dominó, arrastando muitos consigo. Ou ainda: o empresário, para não morrer, tem que matar. Quem não mata morre. Tal como na selva, sendo que na selva essas mortes têm como função preservar a vida, e aqui não. As espécies se mantêm num equilíbrio ecológico através dessa aparente crueldade que é a lei do mais apto, mas aqui, na lei do mais forte, quem ganha é o poder abstrato. Todos acabam perdendo, de uma maneira ou de outra, ganhador e perdedor.

Isso porque só os membros da espécie humana não são solidários entre si. E a vida acaba perdendo o seu substrato, que é a confiança um no outro, que dá a alegria de viver. A vida dos homens no sistema competitivo fica vazia por dentro. Sem sentimento, fria. Calculista. Quem viu *Cidadão Kane* sabe o que quero dizer. A maioria dos empresários que conheço é muito parecida com ele: após ganhar um império, veem que foi inútil. O desejo infantil não foi satisfeito, e Kane morre pedindo seu primeiro brinquedo. Como Freud, penso que o dinheiro não traz felicidade porque não é a realização de um desejo infantil. E, quando o homem busca preencher sua frustração, seu vazio, vai cada vez mais fundo na obsessão de ganhar dinheiro. E, como vai no caminho errado, fica cada vez mais só. Menos satisfeito. Vi vários se suicidarem inconscientemente.

Esse vazio insaciável é fruto do pensamento dissociado do homem. E essa repressão do sentimento é fabricada para levar a uma centralização, a uma hierarquia, a um autoritarismo, enfim, a essas características que formam o poder atrás do qual os homens correm obsessivamente. E obter o poder é a lei máxima da economia e também da política, que é a sua expressão no domínio do convívio social.

E tanto na economia como na política, o exercício do poder leva a grandes concentrações, seja nos oligopólios que ditam as leis econômicas, seja nas instituições supranacionais que interferem a partir de dentro na política de todos os países.

E na base está aquilo que eu vi subjacente a tudo no mundo selvagem das decisões das firmas: o vale-tudo, inclusive a fraude, e, muitas vezes, a fraude institucionalizada. E, mais uma vez isso, toda essa estrutura de poder, que parece não ter brechas, tem a ver com a sexualidade.

Aparentemente, essa afirmação parece uma leviandade, mas poder e sexualidade vêm juntos. Já mostramos a diferença das representações e das atitudes sobre o corpo e a sexualidade entre a classe dominante e a grande maioria dos dominados. Vimos, também, como na classe dominante as mulheres "mantêm as aparências". Seu discurso é moralista e religioso, mas elas manipulam a família e a Igreja de acordo com seus interesses. A família, porque mantêm uma atitude sexual puritana com os maridos e por baixo dos panos vivem uma vida mais rica e mais satisfatória com outros homens. Manipulam a Igreja porque cumprem dela apenas os preceitos que lhes interessam e convêm.

Logo que nasce, o menino que será o futuro patrão praticamente já é amamentado com esse duplo padrão da mãe. E, quando adulto, passa a achar "natural" manipular o Estado e a economia em seu benefício. Exemplos disso são os escândalos financeiros, verdadeiros roubos que os grupos fazem uns dos outros, e no fim quem acaba pagando são os pequenos investidores ou os contribuintes. E, na base da pirâmide, quem financia tudo é a mesma multidão dos que nada têm.

Mas o raciocínio que se deve fazer nesses casos do vale-tudo é que, sem isso, o mercado não vive. Os donos do poder chamam as fraudes de "leis do mercado". E sem elas não podem sobreviver. E, não sobrevivendo, perdem o poder e, principalmente, a hegemonia de classe. A fraude, isto é, o uso do poder mesmo contra a lei, é um componente essencial do poder. A lei, feita pela classe dominante, só pune os oprimidos. E a classe dominante só pode se sustentar no poder por esse tipo de violência, quando não pela violência física.

O melhor exemplo disso é a aristocracia da terra. Neste momento há mais de mil conflitos de terra em nosso país, e não há coronel que não tenha atrás de si rastros de sangue e violência. No que tange à terra, matar ou morrer tem que ser entendido literalmente.

Nas áreas urbanas mais avançadas, as coisas se sofisticam, mas têm o mesmo resultado: a concentração cada vez maior da renda e do poder nas mãos de cada vez menos gente. Basta dizer que, de 1940 para cá, isto é, cinquenta anos depois de instituído, o salário mínimo tem apenas um terço do seu poder aquisitivo inicial, e mais da metade do povo brasileiro ganha um salário mínimo ou menos.

Para sobreviver ou ganhar mais dinheiro, o empresário não hesitará em tomar decisões que prejudiquem milhares ou até milhões de pessoas. Vi, por exemplo, em instituições financeiras nos Estados Unidos, os tecnocratas internacionais jogarem com a vida e o futuro da América Latina e seus habitantes como se fossem apenas peças de xadrez, de maneira abstrata e fria.

Por outro lado, essa situação não se sustentaria se não houvesse cumplicidade por parte dos oprimidos. Tratamos de sexualidade e religião antes de abordarmos o jogo pesado da economia para mostrar como é, no nível mais profundo do inconsciente e das emoções, que a cumplicidade com esse estado de coisas é sustentado.

Ao contrário da sexualidade e do comportamento hipócrita das classes dominantes, observamos que o comportamento de mulheres e homens vai se tornando mais honesto à medida que se baixa de classe. A camponesa prefere morrer a praticar um aborto, justamente porque é católica e não trai o marido, mesmo que ele a maltrate, por ser pecado, e ela prefere carregar a sua cruz para ir para o Céu. O camponês e o operário também tendem a ser honestos em matéria de trabalho.

E o que se pode depreender disso tudo é que os valores do cristianismo tradicional, como já vimos — honestidade, sinceridade, fidelidade, suportar o sofrimento etc. —, são valores que valem apenas para os dominados. E é da sua transgressão que os ricos mantêm o seu poder. Dessa forma só chegam "lá", nos níveis mais altos da pirâmide, os mais cínicos, os mais calculistas, os mais agressivos, os mais violentos e também os mais competentes.

A disputa por uma fatia de mercado bastante competitivo muitas vezes requer que uma firma destrua a outra, e ela o fará se não quiser ser destruída. E ganham as firmas mais fortes, em geral as multinacionais.

As multinacionais começaram a sua expansão depois da Segunda Guerra Mundial: elas são muito recentes. Mas são hoje verdadeiras nações acima das nações. As fronteiras políticas não valem mais em economia; por isso, para defender-se, a Europa tratou de integrar-se primeiro economicamente, e agora o está fazendo em termos políticos. E o mesmo estão fazendo os próprios países do Sudeste Asiático e os países da América do Norte. E nós?

A distância entre países desenvolvidos e subdesenvolvidos aumenta cada vez mais por causa das leis de comércio internacional que protegem os mais fortes. Hoje os Estados Unidos têm um produto bruto de quase 4 trilhões de dólares, e o Brasil, de apenas 300 bilhões. E essa distância aumenta a cada ano. A dívida externa dos países do Terceiro Mundo foi uma forma muito sofisticada de escravização inventada no último quarto do século XX, e é mais eficaz do que a colonização política do século XIX, baseada na "feia" violência física direta. Esta de hoje é mais abstrata, porém mais eficaz.

São os juros que pagamos que sustentam o bem-estar e a afluência do Primeiro Mundo. Esses juros são aumentados ou abaixados unilateralmente pelos credores, sem que os devedores sejam consultados. São estas as leis frias do mercado. A dívida brasileira já foi paga mais de uma vez só em juros, e ainda temos que pagar todo o principal... essa usura internacional parece não ter limites. E é religiosa!

O capitalismo mundial integrado é tão sofisticado que é abstrato. Ele funciona automaticamente pelas estruturas já montadas, independentemente da vontade consciente dos atores do jogo econômico. Vi uma vez, ainda nos Estados Unidos, um dos donos de uma multinacional, homem religioso e caridoso, que me perguntou se devia instalar a sua companhia no Brasil. Esse homem podia ser religioso sem remorsos, porque as estruturas funcionam ao seu favor e são muito complicadas para que ele queira compreender o seu jogo em sua inteira complexidade. Para ele, a morte dos dominados é abstrata e invisível.

Nessa dívida do Terceiro Mundo, o dinheiro não vai nem vem, é tudo um jogo contábil. Fica tudo no papel. Parece também abstrata do lado de lá, mas seus efeitos de miséria e concentração de renda são muito concretos: os povos devedores do lado de cá exportam grande parte de sua produção a troco de nada, isto é, a troco de juros... E tudo isso é considerado muito "natural" pelas classes dominantes nacionais e multinacionais.

Um ministro que de uma penada decreta um arrocho salarial não vê o aumento de miséria e morte que provoca. A curva da mortalidade infantil aumenta com a diminuição do poder aquisitivo dos salários e baixa quando esse salário aumenta seu poder de compra. Assim, um detentor do poder pode matar centenas de milhares de pessoas sem se dar conta.

Nenhum economista quer ver o quanto de miséria e morte está embutido nos agregados econômicos das contas nacionais. E a economia não tem instrumentos para isso. E seria muito urgente criar estes instrumentos, criar novas matemáticas, novas metodologias que mostrassem o custo social do produto econômico de cada país.

E, antes de abordarmos o poder político, fica aqui uma observação que faço como mulher. Este mundo tão insatisfatório que é do homem não tem lugar para as mulheres. As mulheres que têm a "falta" biológica (a falta do pênis e do falo — o poder em geral) caminham no caminho inverso ao dos homens, isto é, procuram satisfazer os seus desejos infantis. Por isso aquele que não tem a falta, que é completo, é o que reprime a sua falta essencial. A mulher sabe que é incompleta. O homem pensa que é completo.

E foi por isso que tive câncer. Eu me forcei até quase morrer!

19. O CONTROLE DAS MENTES

Mas não pensemos que a concentração econômica nacional e internacional seja alguma coisa que tenha vindo por acaso. Existem organizações internacionais que planejam e controlam em nível mundial o desenvolvimento econômico. E elas são de origem política, e não meramente econômicas. Ora, isso mostra a que ponto o econômico e o político interagem. No século XX, a ciência do controle econômico e político internacional está muito mais desenvolvida do que possamos pensar. E não é por acaso.

Em nossa pesquisa, a palavra "controle" era uma das palavras-chave de homens e mulheres da classe dominante: "Não tem problema. Tudo sob controle", ou: "É preciso controlar essa massa de ignorantes" (quanto à natalidade) etc.

Em seu livro *O mal-estar da civilização*, Freud diz que a sociedade burguesa está baseada sobre três valores: a ordem, a beleza e a limpeza, que são valores atribuídos por ele à fixação da sexualidade infantil na sua fase anal. Também Norman Brown, em seu livro *Vida contra morte*, estuda detalhadamente esse caráter anal manipulador da civilização ocidental burguesa.

De fato, controle e manipulação são características essenciais do poder. E o controle político é a mais nítida das manifestações desse poder. Assim como a concentração econômica tomou dimensões gigantescas e mundiais no século XX, o controle político seguiu o mesmo caminho, pois é ele que dá suporte ao poder econômico.

Por isso, interessa-nos aqui focalizar as instituições políticas supranacionais. Todas elas estão localizadas, evidentemente, no Primeiro Mundo, e sobretudo nos Estados Unidos. Elas foram as precursoras dos atuais *think tanks*, instituições que pensam e preveem a política mundial como um todo.

Em seu esplêndido *A internacional capitalista*, o cientista político René Dreifuss rastreia a existência e a atuação de todos esses grupos.

A primeira dessas instituições foi o Round Table Group (Grupo da Távola Redonda). Os Estados Unidos fizeram a sua Revolução Industrial ao mesmo tempo que os países europeus. Sua independência no século XVIII foi também a sua entrada na Revolução Industrial — e desenvolveu-se muito no século XIX.

E o Round Table Group foi criado na primeira década do século XX, ainda em pleno fastígio do Império Britânico. Esse foi o primeiro grupo criado para pensar a política nacional americana em nível internacional. Era formado por empresários, burocratas de alto nível e militares. E seu trabalho foi tão bem-sucedido que foram eles os interlocutores da Europa vencida em 1919. Começaram, então, a ditar políticas globais para ambos os continentes: e a maior parte de seus membros veio a tornar-se membros muito influentes dos diversos governos e da burocracia internacional.

O segundo grupo criado foi o Council for Foreign Relations. Ele foi criado depois da Primeira Guerra e durou mais de vinte anos. Soube administrar a crise de 1929, tomou conta da economia americana, beneficiando-se dela.

Antes da Segunda Guerra Mundial, é fundado o CED (Council for Economic Development). Foi essa instituição que administrou a Segunda Guerra Mundial. Nesse momento, e em grande parte devido à assessoria técnica desses grupos, a economia americana se recuperara, e os Estados Unidos passaram a ser a primeira potência do mundo. Foi o CED que administrou a política e a economia americana durante a guerra, que criou o Plano Marshall e também o administrou. Sua ação foi fundamental para a reconstrução da Europa Ocidental depois da guerra e contribuiu decisivamente para que ela não caísse no bloco socialista. Aqui também seus membros, com experiência nacional e internacional política e econômica, vieram a ter postos-chave nos países onde atuaram, isto é, tanto nos Estados Unidos como na Europa Ocidental.

Na década de 1950, o CED se tornara uma instituição internacional. Já ultrapassava em muito as fronteiras dos Estados Unidos e criou muitas outras instituições semelhantes, em quase todos os países da Europa: Escandinávia, França, Espanha, Itália etc. Mais tarde, criou um centro no Japão e estendeu-se até a Austrália, influindo assim na política e na economia de todo o hemisfério norte. E não é estranho que os países em que essas instituições não se desenvolveram caíssem no bloco socialista. O eixo Norte/Norte fica assim fechado para influências externas ao capitalismo durante a década de 1950.

Nessa época, fatos estranhos estavam acontecendo no hemisfério sul. Entre estes, o surto industrial do governo Kubitschek no Brasil, a revolução cubana e o movimento de conscientização das classes oprimidas brasileiras no governo João Goulart. Criou-se então, sob a influência do CED, no hemisfério, a primeira organização desse tipo. Ela se localizou no Brasil para livrar o país do perigo vermelho: era o IPES (Instituto de Pesquisa e Estudos Sociais), tão nosso conhecido e que veio planejar a queda do governo civil brasileiro em 1964 e a estrutura do que viria a ser a ditadura militar.

No decorrer da década de 1960 e início da década de 1970, as ditaduras militares que se instalaram no resto do continente não o fizeram por acaso; elas foram planejadas fora da América Latina, pois cobriu-se o continente de institutos semelhantes ao IPES, um para o Chile, um para o Cone Sul e outro para os países andinos. Criaram-se, depois, mais duas instituições para cobrir o México e o Caribe. Todo esse conjunto de instituições tinha como finalidade programar para o continente latino-americano a modernização conservadora e a industrialização dependente dos interesses dos países ricos. Assim se fecharia o eixo Norte/Sul contra o bloco socialista.

Esse plano fica ameaçado com o primeiro choque do petróleo em 1973. Nessa época, as multinacionais já tinham penetrado em todo o mundo. Agora não são apenas os americanos, mas também os alemães e os japoneses que fundam a última e mais importante dessas instituições, a Comissão Trilateral. Agora a Trilateral não pertence apenas aos Estados Unidos, mas também à Alemanha Ocidental e ao Japão, antigos inimigos dos americanos e que, graças à ajuda destes, vieram para o campo de influência do Ocidente e se tornaram respectivamente o segundo e o terceiro países mais ricos do mundo. Os centros anteriores já não tinham capacidade suficiente para controlar o mundo tecnologicamente mais desenvolvido nem os efeitos da crise que viria a se desencadear na década de 1970. A Trilateral é fundamental para dar um apoio político às multinacionais e unificar as diversas políticas internas dos países do mundo inteiro a fim de permitir o seu livre desenvolvimento.

Assim, sofisticando seus controles, os países desenvolvidos conseguem reverter a crise, atraem os investimentos dos povos árabes e "enfiam" os petrodólares excedentes goela abaixo do Terceiro

Mundo, com juros muito baixos. Essa viria a ser a causa da dívida monstruosa dos países pobres. Os juros, que no começo eram mínimos, elevam-se brutalmente no início da década de 1980: os desenvolvidos, assim, exportam a crise, e os países pobres passam a subsidiar a riqueza dos países desenvolvidos. Nos anos 1970, criam-se centros como o Brookings Institution, a American Enterprise Association, a Peritagem Foundation e outros institutos para interferir na política interna dos diversos países a partir de dentro e também para assessorar o FMI (Fundo Monetário Internacional). Trabalha-se, assim, no *front* interno de cada país junto com externo internacional para garantir ao capitalismo uma sobrevida maior.

Também os membros da Comissão Trilateral, tal como os das que a antecederam, acabaram se tornando participantes dos vários governos, burocratas de alto nível internacional ou empresários colocados em posições-chave, quando não chefes de Estado, como foi o caso de Jimmy Carter, um dos membros mais distinguidos da Trilateral.

E assim chegamos aos anos 1980. Nessa década, os países desenvolvidos apresentam um crescimento econômico sem precedentes, ao passo que o Terceiro Mundo entra numa recessão prolongada. A "década perdida" para toda a América Latina termina com um aumento muito grande de miséria, fome, mortalidade infantil e problemas estruturais como a hiperinflação que, com sua goela devoradora, ronda quase todos os países, ao passo que, nos países desenvolvidos, o consumo de bens supérfluos cresce enormemente.

Neste ponto, a direita internacional, a classe dominante mundial, parece totalmente organizada. Tudo foi planejado e está sendo cumprido. Quando, no início deste livro, me referi ao fato de que de repente me senti envolvida nas malhas de ferro do poder político ao entrar para a política, em 1986, era a esse controle que eu queria me referir. Na época, a maioria de nós não tinha a menor ideia do que estava sendo programado. Era, sim, uma verdadeira programação no sentido de programação de computador. Uma programação cerrada, que pouco a pouco foi fazendo com que nós todos, egressos dos movimentos sociais, inclusive eu, sentíssemos uma grande impotência.

Hoje, a partir do que se viu aqui, as coisas já tomam um sentido mais claro. Em seu livro *O jogo da direita na Nova República*, o mesmo Dreifuss reuniu material dos mais sérios que explicou aquele período a partir do jogo da direita internacional.

Em 1986, o empresariado brasileiro voltou a organizar-se, inclusive em composição com fontes internacionais. Fundaram-se inúmeras associações, tanto de análise teórica como de ação prática, para manipular a eleição da Assembleia Nacional Constituinte. Principalmente jogou-se uma fábula em dinheiro nas campanhas eleitorais, nos candidatos em que essas instituições tinham interesse.

As principais associações, segundo Dreifuss, era a Câmara de Estudos e Debates Econômicos e Sociais (CEDRS), liderada por Delfim Netto, no mesmo estilo do IPES, o Instituto Liberal, a Confederação Nacional das Instituições Financeiras (CNF), a União Brasileira dos Empresários (UB), a União Democrática Ruralista (UDR), a Associação Brasileira de Defesa da Democracia (ABDD) e muitas outras.

Todas essas entidades se articularam para eleger os seus candidatos, tanto nos governos estaduais quanto no Congresso Constituinte. Calcula-se que o montante jogado na Campanha daquele ano tenha chegado a cerca de um bilhão de dólares. Diz ele, para começar: "Sem qualquer discrição, a Confederação Nacional dos

Diretores Lojistas, com mais de 47 mil proprietários de estabelecimentos comerciais espalhados em cerca de 450 clubes, prometia acertar as arestas na sua participação na Constituinte com a ideia de que cada Clube de Diretores Lojistas tivesse o seu candidato, ficando o apoio a critério de cada um" (p. 60).

Eu não me atreveria a afirmar sozinha o que vai se seguir, por isso continuo citando Dreifuss:

> Para assegurar resultados que a propaganda e a ilusão dos desesperados não conseguiriam, foram empregadas fabulosas somas de dinheiro, em todos os níveis — o que, para muitos, fazia lembrar, como disse um empresário, coordenador de esforços políticos de sua classe, a atuação do IPES e do IBAD em 1962. Diversos grupos empresariais se encarregaram de construir e administrar "caixinhas", dividindo o mapa eleitoral entre eles e canalizando recursos para candidatos específicos e agrupamentos políticos, evitando a superposição de esforços. Uma empresa da indústria de fumo teria investido nas eleições 30 milhões de dólares (422,7 milhões de cruzados no câmbio oficial da época). "Investido" é a palavra certa no caso, pois tratava-se de assegurar um negócio altamente rentável, o "Brasil S.A.", no valor aproximado de 300 bilhões de dólares, o PIB do momento, não incluindo nesse cálculo mais 30% (pelo menos) por conta da "economia paralela" de grandes e pequenos.
>
> Segundo denúncias, até recursos de agências governamentais de outros países foram usados. De acordo com o deputado federal João Hermann (à época do PMDB-SP), haveria "dinheiro sujo" na Assembleia Nacional Constituinte. "O dinheiro da CIA está lá", garantia ele. E ainda foram utilizados outros recursos, inclusive a colocação à disposição dos candidatos da parafernália de apoio logístico, transportes e material de uso

das empresas. Firmas de marketing e relações públicas foram contratadas, trabalhando de mãos dadas com as tradicionais associações empresariais e com as novas organizações políticas, dedicadas ao esforço comum de consolidação da presença da direita na Constituinte, como também nos governos dos estados e nas legislaturas estaduais. Em meio a estes esforços, um mês antes das eleições, numa reunião reservada em São Paulo, 140 grandes empresários calcularam como certa a eleição de cem constituintes favoráveis às suas teses.

O preço médio de uma campanha para o governo estadual atingiu quase 1 bilhão de cruzados por candidato, nos grandes centros urbanos, numa época em que o dólar valia 20 cruzados. Paulo Salim Maluf trabalhou com 70 milhões de dólares à disposição, e Antônio Ermírio de Moraes, com 50, em suas frustradas tentativas de ocupar a cadeira do Executivo paulista. A estimativa inicial dos custos da campanha, segundo a assessoria do candidato do PTB, era de 10 a 15 milhões de dólares. Assim mesmo, Ermírio de Moraes ainda iria recorrer a amigos e empresas, uma bem-cuidada relação de colaboradores, ao mesmo tempo que anunciava que não podia pedir dinheiro a gente inescrupulosa "porque o troco vem de imediato".

Já a campanha de Orestes Quércia foi estimada em mais de 400 milhões de cruzados, ou cerca de 30 milhões de dólares. Ao todo, os três candidatos teriam gasto 200 milhões de dólares, em sete meses de campanha.

E as coisas não pararam por aí. O dinheiro foi distribuído em todos os estados, e não só para governadores, mas também para a campanha de deputados estaduais e federais. E continua Dreifuss: "Delfim Netto e Afif Domingos teriam gasto em torno de 3 milhões de dólares cada um. Pratini de Morais, do PDS-RS, foi denunciado por abuso de poder econômico [...]. E a campanha de Ronaldo Cezar Coelho pelo PMDB-RJ foi avaliada em 2 milhões de dólares" (p. 103).

Não é de se admirar, pois, que o Congresso Nacional Constituinte tenha tido mais de 80 % de representantes da direita e cerca de 20%, quando muito, de representantes dos interesses do resto do povo brasileiro.

E a organização não parou aí. Ela continuou nas eleições de 1988 e, principalmente, nas eleições presidenciais de 1989, entrando aí com mais intensidade a campanha nacional de opinião pública, desencadeada pela Rede Globo, que todos conhecemos.

O Brasil entra, portanto, no início dos anos 1990, num processo de modernização conservadora que não sabemos ainda aonde vai parar, mas que o põe em sintonia com a modernização conservadora do resto do mundo.

Aqui também os controles políticos de ferro funcionam competentemente, mas tanto em nível internacional como em nível nacional, mesmo durante todo esse processo, esboça-se uma resistência talvez tão importante quanto os controles aos quais ela se opõe.

20. A REVOLUÇÃO QUE FALTAVA

Costumo dizer que o que aconteceu nos países desenvolvidos e depois nos subdesenvolvidos nas décadas de 1960 e 1970 foi a maior revolução deste século, a meu ver mais importante mesmo que a entrada de quase metade do mundo no bloco socialista. Tenho plena consciência de que essa afirmação parece descabida, mas, depois de termos visto como se articulam poder e sexualidade, a que profundidade somos todos condicionados pelas estruturas dominantes, talvez o que descreveremos a seguir possa fazer mais sentido.

No início dos anos 1960, começa a surgir uma crescente tensão dentro dos Estados Unidos. Um povo educado nos moldes liberais, com um dos índices mais altos de estudantes universitários do mundo, foi criando, desde os anos 1950, uma geração crítica. Apareceram obras como *The Lonely Crowd* [A multidão solitária], de David Riesman, *The Planned Obsolescence* [A obsolescência programada] e *The Status Seekers* [Os buscadores de status], de Vance Packard, e muitas outras com as primeiras críticas sérias ao sistema capitalista. No início da década de 1960, apareceu o primeiro movimento pelos direitos civis, e já em 1964 os negros se revoltavam nos guetos. Era muito perigoso para um branco passar pelas ruas do Harlem.

Ao mesmo tempo, em 1963, Betty Friedan lançou seu livro *A mística feminina*, que obtém um estrondoso sucesso. As mulheres também começaram a perceber a sua opressão específica e como a sociedade as manipulou nos anos 1950 para fazê-las voltar à domesticidade, depois de terem experimentado a realização pessoal como trabalhadoras e profissionais no esforço de guerra. Em 1966, criou-se a NOW (National Association of Women), o primeiro movimento assumidamente feminista.

Nessa época, todo o *establishment* caía em cima das feministas, chamando-as de lésbicas, feias, mal-amadas, prostitutas, homens frustrados etc. Mas o movimento cresceu no mundo inteiro, apesar da resistência conservadora que tocava no ponto fraco das mulheres tradicionais (beleza e sexualidade, feminilidade etc.) E, mesmo assim, as mulheres dos demais países desenvolvidos vieram juntar-se em massa às americanas, pois percebiam pela primeira vez que o problema não era só de uma nação, mas da própria condição da mulher num mundo patriarcal.

Em 1967, começa a Guerra do Vietnã. Grande parte da juventude americana, educada em padrões modernos e críticos, a rejeita. Poucos queriam morrer pelos interesses de uns poucos privilegiados de algumas multinacionais e da expansão imperialista do seu próprio país. Foi assim que, no fim da década, já havia mais de um milhão de jovens desertores. Juntam-se nessa época, como os afluentes de um mesmo rio, todas essas correntes. Mulheres, negros e jovens começam a questionar na prática a sua opressão milenar. Inicia-se ao mesmo tempo um questionamento teórico do pensamento ocidental, começando-se uma releitura de todas as ciências e de todas as estruturas a partir da mulher, do negro, dos pobres, isto é, do ponto de vista dos oprimidos.

Na mesma época, os jovens desertores começam a viver em comunidades, formando uma enorme rede alternativa que veio a se tornar uma sociedade quase autônoma dentro da grande sociedade americana.

Em maio de 1968, outros grupos de muitos países aderiam a esse questionamento, tal como os movimentos estudantis da França, do Brasil etc.

Os princípios religiosos do judeu-cristianismo estavam sendo postos em xeque, uma nova integração do espírito científico ocidental com as religiões orientais já estava começando a ser praticada. E os resultados eram: fuga em massa das universidades, uso de drogas alucinógenas, uma nova liberdade sexual permitida pelo feminismo e pela pílula, a busca pelas etnias não brancas do seu espaço no mundo inteiro. Desde o início dos anos 1960, o movimento já tinha tomado, do ponto de vista conservador, proporções alarmantes.

Nos Estados Unidos e na Europa Ocidental, ninguém mais queria ir para a guerra, não se encontravam mais jovens que quisessem ser soldados nos países desenvolvidos, nem executivos treinados para um trabalho duro e disciplinado. Quase todos os jovens, homens e mulheres, queriam trabalhar seis meses e viajar de carona os outros seis pelo mundo inteiro. Quem fosse à Bahia, por exemplo, em meados da década de 1970, lá encontrava gente de todas as partes do mundo, todos confraternizando nas meditações, na maconha, no LSD e na sexualidade. O movimento homossexual já explodira também a partir dos anos 1960. O *gay power* passou a ter muita influência sobre a vida dos jovens, mudando, junto com o feminismo, a visão dos antigos estereótipos sexuais.

Esse movimento generalizado da juventude era mais assustador para o capitalismo do que o choque do petróleo. A família, base do sistema, se desfazia, questionada pela revolta das mulheres. Vi também nessa época soldados ex-combatentes do Vietnã correrem todos os Estados Unidos dissuadindo a juventude de ir para a guerra, mostrando-lhes a manipulação de que tinham sido vítimas para serem convencidos a participar dos combates. Por outro lado, a economia americana, sem novos executivos que a renovassem, ameaçava uma recessão.

Tudo isso era muito violento para que a "maioria silenciosa" pudesse aguentar. Mais do que ninguém, os teóricos da direita sabiam que, dentro de seus próprios países, estava sendo feita a revolução que faltava. No século XIX, Marx pregara a luta de classes, e já em muitos países essas classes haviam sido erradicadas. Mas não se tocara nas estruturas que a sustentavam: o patriarcado e o racismo. Para espanto de todos, aquilo estava sendo feito nos próprios países capitalistas do Ocidente livre...

Já naquela época os movimentos ecológicos, antinucleares, pacifistas etc. estavam sendo gestados a partir dos primeiros anos de perplexidade. A revolução já tomava seus caminhos. O marxismo passou a ser estudado nas universidades, formaram-se sociedades de economistas e sociólogos radicais, o trabalho do Esalen Institute, na Califórnia, passa a ser conhecido no mundo inteiro. No Esalen, criou-se uma nova visão do mundo que veio dar origem ao movimento que depois viria a chamar-se New Age (Nova Era). Aí a ciência mais avançada (física moderna) integrava-se ao pensamento religioso mais tradicional, dando origem a um pensamento pós--cartesiano. Enfim, a crítica teórica e prática às bases da civilização ocidental estava sendo muito violenta.

O país inteiro era um canteiro de experiências para todos os comportamentos, desde os mais reacionários até os mais questionadores. Mente expandida, corpo expandido, homossexualismo assumido conviviam com o puritanismo anterior à década de 1960, que ainda era o padrão de vida de grande parte da conservadora sociedade americana.

Mas ninguém podia suspeitar o que estava silenciosamente acontecendo nos *think tanks* políticos a que já nos referimos.

Em seu livro *As relações da Igreja e o governo Reagan*, escrito em inícios da década de 1980, a socióloga mexicana Ana Maria Eszcurra chama a atenção para o que foi a causa da "virada" do fim da década de 1970. Nessa época, já estava claro para os teóricos da direita que um comportamento liberal em termos sexuais em geral levava a um comportamento também liberal em termos econômicos. E era o que estava acontecendo: a juventude dos países desenvolvidos pendia rapidamente para a esquerda. Assim, os movimentos conservadores internacionais iniciaram uma campanha cerrada pelo controle das consciências e das mentes. No início de 1980, Ronald Reagan iniciou sua campanha à Presidência da República, e os temas dessa campanha vieram a ser exatamente os itens que deram origem à virada conservadora. Segundo a socióloga, esses pontos foram:

- oposição ao estado de bem-estar. Até o governo Carter, o estado de bem-estar dava comida e segurança social a quase todos os pobres americanos. Ronald Reagan prometeu cortar os impostos da classe média e dos ricos e também cortar parte da seguridade social;

- triplicação dos gastos militares. O dinheiro cortado da Segurança Social iria diretamente para os gastos bélicos, seja no projeto guerra nas estrelas, no auxílio aos contras da Nicarágua, do Irã etc.;

- a defesa do sistema de livre-iniciativa, inclusive mitificando os novos jovens empresários. O mito do *hippie* das décadas de 1960 e 1970 é substituído pelo *yuppie* (*young urban professionnal*, jovem profissional urbano), os novos executivos que recebem altos salários e têm todas as regalias e privilégios, atraindo assim o maior número possível de jovens para o sistema;

- luta contra a liberação sexual em geral, especialmente contra os movimentos de mulheres e homossexuais.

São convocadas algumas feministas famosas para avaliar o movimento de quase duas décadas e considerá-lo um semifracasso. Conclamam-se as mulheres a voltar para a casa e o casamento. Voltam a ser valorizadas as alegrias e a realização da vida doméstica. Quanto ao homossexualismo, a luta foi muito mais violenta. As gratificações dessa virada da juventude haviam sido grandes, e não se podia controlá-la apenas com palavras. E é assim que, em 1980, no mesmo ano em que Ronald Reagan sobe ao poder, se ouve falar pela primeira vez na aids.

Antes de abordar a aids, é importante voltar à política e à ação das instituições supranacionais. No ano de 1980, subiriam ao poder mais três grandes conservadores, além de Ronald Reagan: Margaret Thatcher, Helmut Kohl e o papa João Paulo II. Depois do que vimos analisando aqui, o leitor deve adivinhar que isso não aconteceu por acaso. A década de 1980 marca a virada conservadora contra os movimentos questionadores das duas décadas anteriores. A campanha que colocou os outros dois chefes de Estado leigo no poder em toda parte foi a mesma de Ronald Reagan.

Esses itens calaram fundo nas mentes da maioria conservadora desses países. Quanto ao papa João Paulo II, ele é eleito após um pontificado relâmpago de um papa progressista que morreu em circunstâncias misteriosas. O primeiro papa polonês teve, a partir de sua eleição, como meta prioritária, a volta da Igreja aos padrões conservadores, pois desde João XXIII ela se voltara em parte para o lado dos pobres.

Assim, a partir de 1980, os movimentos sociais dos Estados Unidos são simplesmente esmagados. Na Europa, aconteceu pior: eles foram cooptados pelo *establishment*. As mulheres e as etnias, tendo conseguido parte de suas reivindicações, calam-se. Feminismo e movimentos étnicos passam a ser coisa do passado.

Mas nos Estados Unidos as coisas foram diferentes: os donos da opinião pública apresentam a aids como um castigo de Deus contra aquela ousadia e aquele questionamento, principalmente aos odiados homossexuais. As pesquisas para a obtenção da vacina só começam a ser realizadas mais tarde na Suécia e na França, países em que governava a social-democracia. Nos primeiros tempos, o governo americano recusa ao dr. Gallo e sua equipe, que haviam isolado o vírus da aids, os 36 milhões de dólares pedidos para iniciar as pesquisas da vacina, retardando assim os seus resultados.

Desde 1983 falava-se nesse país que a doença teria sido provocada artificialmente. Essa afirmação é bastante ousada, mas não impossível, e chegou ao conhecimento da opinião pública. No Brasil, a *Folha de S.Paulo* e a *Veja*, de 26 de outubro de 1986, chegaram a levantar essa hipótese: a doença poderia não ter sido criada, poderia já existir, mas um trabalho de engenharia genética poderia tê-la tornado mais virulenta.

O certo, contudo, foi que a manipulação da opinião pública em relação a esse tão terrível flagelo teve êxito. Os homossexuais foram marginalizados e o comportamento sexual tradicional estimulado. Cresce na década de 1980 o número de casamentos e decresce o de divórcios. Aumenta o número de filhos por casal, isto é, cresce a taxa de fertilidade em relação à década de 1970. Nas décadas de 1960 e 1970, a população do Primeiro Mundo decrescia. Nos Estados Unidos, o crescimento era zero por causa da fertilidade de hispanos e negros. Mas na Europa a fertilidade era negativa. A raça branca estava diminuindo, e as não brancas, crescendo muito. Com a volta ao conservadorismo sexual, esse processo se reverte.

Recrudescem o racismo e o movimento contra o aborto, que fora legalizado no país em 1973. Aumenta muito a ação antidroga no governo Reagan. Volta a era do puritanismo.

Na cultura e nas artes, há um movimento de volta aos anos 1950, seja nos roteiros de filmes e peças de teatro, nas músicas e nas roupas. Os homens já não deixam crescer os cabelos, e as mulheres passam a usar vestidos de ombreira, em geral escuros. As cores berrantes ficam fora de moda. Toca-se música romântica e o rock heavy passa a ser produto mais para exportação do que para uso interno. Toma corpo um movimento pós-moderno que consiste no uso da tecnologia mais sofisticada nas artes, mas com um conteúdo conservador.

Por exemplo, em 1984, ganha o Oscar um filme como *Laços de ternura,* que comove a multidão. A jovem mãe morre de câncer e deixa os filhos órfãos, mas quase ninguém percebe que a relação dela com o marido é tão ruim e destrutiva como a que tivera com a mãe, e o câncer era apenas uma maneira de escapar desse beco sem saída. Os artistas já percebiam o que estava para acontecer; fechavam-se os caminhos do novo. No ano seguinte vence *Entre dois amores,* um filme colonialista sobre a África, e *A cor púrpura,* filme contestatório (e uma obra-prima), de Steven Spielberg, nem sequer foi indicado. Depois vence *Amadeus,* que esconde o lado político libertário da vida de Mozart. *O último imperador,* realmente uma obra-prima, mostra o autoritarismo dos comunistas.

Em 1990, ganha o Oscar o anódino *Conduzindo Miss Daisy*, que conta a amizade de uma velha judia com seu chofer negro. *Nascido em 4 de julho* foi derrotado. Era uma crítica muito violenta à arrogância americana no Vietnã, história real de um veterano inválido que corre o país participando dos movimentos antibelicistas, igualzinho aos muitos que eu via percorrendo o país nos anos 1970, dissuadindo a juventude a entrar para o exército.

No início dos anos 1990, cresce muito a sofisticação tecnológica, e tudo parece calmo. Mas, da mesma forma que durante a ditadura militar no Brasil, o questionamento permanece vivo nas universidades. Enquanto aqui os intelectuais continuavam, nas décadas de 1960 e 1970, o seu trabalho de oposição à ditadura, cujo resultado está aparecendo mais de vinte anos depois, também lá continua o trabalho teórico a partir da mulher e do negro.

É como um fogo sob as cinzas...

Do lado econômico, a realidade é muito perigosa: no início da era Reagan, os Estados Unidos eram o maior credor da Terra e, oito anos depois, entregam o poder a George Bush juntamente com o maior déficit público do mundo. De maiores credores os americanos passaram em oito anos a ser os maiores devedores do mundo. O consumo cresce em níveis brutais, e se se for somar toda a dívida pública e a de cada cidadão, os Estados Unidos estão devendo mais do que o dobro do seu Produto Interno Bruto.

E a consequência disso é a queda do dólar no mercado internacional. No início, ele foi sustentado pelos alemães e japoneses, mas até que ponto? Hoje o mundo está dividido na área do iene, do dólar e do marco. Se estes deixarem de sustentar o dólar, então talvez se instale a grande recessão que os economistas preveem para a década de 1990.

21. A RESISTÊNCIA AQUI

Mas, em nosso continente, a saga continua. A resistência à mão de ferro do controle político mostrou formas diferentes de tudo o que aconteceu nos países desenvolvidos, isto é, formas na medida das nossas necessidades, muito diferentes — e até opostas — às deles.

Nas classes superiores, surgiram, como já vimos no início deste livro, os movimentos de mulheres, de jovens etc. As elites negras pensantes puderam estimular um incipiente movimento negro.

No entanto, os grandes movimentos que surgiram foram os de resistência popular à ditadura militar. E, como a história de todos esses movimentos esteve ligada à minha vida, aí vai o que sei deles. Sinto-me como se estivesse fazendo a pré-sinopse de um roteiro para uma grande novela, mas acho que valem a pena essas poucas pinceladas.

Foi a partir da Igreja Progressista que esses grupos surgiram, na segunda metade da década de 1960. Desde a década de 1930, o papa Pio XI ficara muito impressionado com a perda de fiéis que a Igreja vinha sofrendo na Europa.

Já perdera as elites com a Revolução Francesa, grande parte do movimento operário com a subida do comunismo ao poder e agora, com a tecnologia mais avançada, vinha perdendo as classes médias. Por isso, criou então a Ação Católica, o movimento leigo a que nos referimos no início deste livro.

Na Europa, onde se iniciou, a Ação Católica não deu em nada, pois no fundo do inconsciente ninguém na Europa queria mudar nada. Foi só aqui na América Latina, e especialmente no Brasil, que ela deu no que deu, e que já relatei. Se chegou a ter tal influência na sociedade até 1964 e os bispos a dissolveram em 1966, porque apostavam nos militares, os militantes cristãos ou passaram para a clandestinidade física, ou então para a clandestinidade eclesial.

Começaram a criar o que antes de 1964 chamávamos de "comunidades de base", isto é, comunidades de fiéis independentes da paróquia institucional e que se juntavam por grupos de interesse. Assim, havia os clubes de mães, os organismos parassindicais etc.

Em fins da década de 1960, já eram dezenas de milhares. Nessa época, os bispos estavam decepcionados com os militares e tendiam a se direcionar para o setor progressista da Igreja. O material publicado por nós na Editora Vozes foi absolutamente fundamental para o estímulo e o crescimento desses grupos. Eles se tornaram, mesmo no auge da tortura e da ditadura, o embrião daquilo que vieram a ser, na segunda metade da década de 1970, os movimentos sociais.

Na segunda metade da década de 1970, foram esses movimentos que ajudaram a primeira marcha estudantil em Campinas, a primeira manifestação explícita contra o regime e que deu origem ao "pacote de abril" de Geisel. Mais tarde, foram as organizações de base dos militantes cristãos que ajudaram a primeira greve dos metalúrgicos do ABC a resistir durante os quarenta dias necessários para dobrar a FIESP. Foi assim que se criou um sindicalismo moderno, não atrelado ao governo militar, e mais tarde o Partido dos Trabalhadores.

Por essa época, já permeavam toda a sociedade brasileira os movimentos sociais que Golbery tanto temia. Eram associações de moradores, de donas de casa, de mulheres trabalhadoras, grupos rurais de todos os tipos que substituíam de maneira completamente diferente a ação dos partidos políticos e dos sindicatos que haviam sido cooptados pelos militares. Nelas, o poder não era a busca de controle de parte da sociedade, mas um serviço à comunidade. E, como não havia controle de poder, havia rodízio de lideranças, muitos civis se treinaram como líderes e a resistência cresceu.

Eram formas de organização completamente novas, e o general Golbery confessava: "Dos partidos políticos e sindicatos eu não tenho medo, porque podemos controlá-los, mas dos movimentos sociais eu tenho receio, porque são incontroláveis." Eram centenas de milhares e constituíam o núcleo de resistência à ditadura. Mais tarde, foram eles que fizeram o grosso de ação que levou ao movimento das Diretas Já. Eles agiam de dentro para fora e faziam um trabalho molecular de formiga. E, principalmente, eram compostos por cerca de 70% de mulheres.

Sua especificidade, e que fazia, aliás, todo o seu poder, era *não* serem uma estrutura vertical de poder. O férreo controle político e econômico na sociedade patriarcal se dava porque todas as suas instituições, a começar pelo Estado, a empresa, os partidos políticos e até os sindicatos, eram autoritárias, centralizadas e, portanto, desiguais. Tinham a figura de um triângulo que em seu vértice tem um presidente, depois na hierarquia dois outros vice, alguns secretários e, cindidos dessa cúpula, todos os outros, que sempre formaram a massa de manobra. Foi assim que os militares cortaram essa pequena cúpula do Estado, dos partidos e dos sindicatos e puderam dominar o Brasil por mais de 25 anos sem terem derramado, em 1964, nenhuma gota de sangue. Aliás, essa estrutura foi montada milenarmente para isso: para que se pudesse dominar as grandes massas pelos mais fortes com um mínimo de custos humanos.

Já os movimentos sociais eram o oposto. Pareciam antes uma esfera cheia de pequenas esferazinhas que se movem continuamente, onde não há nem topo nem base. Todos têm vez e voz por rodízios. Assim, prender um líder faz surgir outros cem. Estas foram as estruturas em que entraram maciçamente as mulheres, não só do Brasil como no mundo inteiro.

Elas perfaziam cerca de 70% das lutas populares, e também 80% dos movimentos ecológicos e 90% dos antinucleares, isto é, os autênticos movimentos de conservação da vida em que o poder é um serviço e não um controle. E, se formos avaliar esses movimentos hoje, nos anos 1990, já podemos ver a fantástica importância que eles vão exercer daqui por diante, pois se dedicam a cutucar exatamente as feridas mais fundas do sistema patriarcal e de classes que tocam diretamente os pontos em que os controles são mais férreos e estão a ponto de destruir a espécie humana.

No fim dos anos 1980, esses movimentos sociais se juntaram aos movimentos específicos da Igreja Progressista, cresceram muito e quase levaram um operário à Presidência da República, mexendo num dos preconceitos de controle mais fundos da sociedade de classes, que vem a ser a base do sistema político de controle e dominação: o de que um membro de classe inferior é incapaz de exercer o poder.

O Leste Europeu iria colocar as grandes massas no socialismo "na marra", aplicando os métodos antigos, fazendo, em muitos países, alianças com as cúpulas e dominando os povos em que muitos tinham dado a vida pelo novo sistema a partir das estruturas patriarcais muito mais hierarquizadas do que o Ocidente. Mas aqui estava acontecendo exatamente o contrário. Por baixo da sociedade de classes, grandes setores do povo brasileiro estavam tentando quebrar, tal como no cristianismo primitivo, o sistema dominante de dentro para fora, de baixo para cima, de maneira incontrolável.

No fim dos anos 1980, no que tange à atuação da Igreja, a ala conservadora internacional inicia um trabalho lento mas incrivelmente competente de erradicação desses movimentos, substituindo bispos, líderes, proibindo teólogos de falar, esquecendo-se porém de uma coisa. A experiência central do cristianismo é a da perseguição, a das catacumbas. Lembro-me que, na década de 1950, antes de aparecer o trabalho que fazíamos, assim vivíamos, e nos sentíamos muito heróis por isso.

Neste exato momento estão em luta silenciosa essas duas tendências da Igreja. A sociedade civil política e econômica não tem noção do que seja isso, mas essa é a raiz da permanência da longevidade da Igreja. Ela é mais velha do que as nações e sobreviverá a elas, porque sabe muito bem manipular a sua parte institucional de um lado e a marcha do povo de Deus de outro. Contudo, creio que, neste fim de século e de milênio, os que fazem o povo de Deus já se dão conta disso, e a tensão está mais aguda do que nunca.

Hoje, em que entramos num período de modernização conservadora, isto é, em que as antigas relações de dominação se modernizam, o que está acontecendo de fascinante em nosso país é que, ao que parece, algo radicalmente novo está surgindo, aqui, neste canto perdido do mundo. Está se tentando fazer ao mesmo tempo a resistência no plano das instituições públicas, resistência esta integrada com a tentativa de transformar cada pessoa no seu íntimo, nas suas relações em casa, no trabalho. Pelo menos é isso que os movimentos de mulheres, os movimentos populares e os grupos sociais mais representativos de classe média estão discutindo.

Creio que nesse processo já não há mais volta e que a ação dos movimentos de mulheres, tanto quanto o da Igreja Progressista, foi fundamental para reativar no inconsciente coletivo do nosso povo o desejo do exercício autêntico das liberdades fundamentais.

22. A ESPAÇONAVE TERRA

Depois de abordar tão resumidamente os problemas econômicos e políticos dos países desenvolvidos e subdesenvolvidos, é essencial, para compreender como poder político e econômico se exercem, nos determos agora sobre a ciência e a tecnologia, porque, além de sagrado, econômico e político, o poder é também saber.

Economia e política são estritamente dependentes do progresso tecnológico. Porque é o progresso tecnológico que determina a aceleração histórica. E hoje o progresso tecnológico está chegando a tão altos níveis que começam a ameaçar a existência do próprio planeta Terra. Há vinte anos, ninguém pensava que andar de automóvel ou ter geladeira ou ar-refrigerado em casa, ou ainda lavar roupa com detergente pudessem ter consequências tão significativas para a vida da nossa espécie.

Pois é verdade. Hoje já sabemos que a terra, o mar e o ar, isto é, todos os elementos que nos cercam e são a base da nossa vida, estão contaminados pela ação do homem.

A terra — Pela má utilização, pelo cultivo com métodos arcaicos, pelas queimadas nos países menos avançados ou pelo plantio desordenado, cresce cerca de 10% ao ano a superfície terrestre que virou deserto. Assim está acontecendo com as queimadas da floresta amazônica e com o que resta das florestas do resto do mundo. A floresta amazônica é o último estoque genético da Terra. Seis de cada dez espécies vivas lá habitam, e 30% das espécies que lá existem ainda são desconhecidas da ciência. As queimadas para fazer pasto estão destruindo essa riqueza irrecuperável, que pode conter dentro de si princípios milagrosos capazes, por exemplo, de retardar a velhice ou curar o câncer.

O mar — A poluição dos oceanos acontece pelo derramamento de excedentes industriais, pela caça indiscriminada às baleias e aos grandes peixes que mantêm o equilíbrio ecológico. Quase todo o oxigênio da Terra vem das transformações químicas que se processam no plâncton marítimo. E já se iniciou o desequilíbrio da cadeia biológica que mantém essas transformações em seu ritmo normal, principalmente no Pacífico, onde os japoneses depredam as espécies com métodos sofisticadíssimos.

O ar — O que está acontecendo de pior é na atmosfera. Há dois fenômenos recentemente descobertos e que só tendem a piorar: o efeito estufa e o buraco na camada de ozônio.

O efeito estufa é causado pelo lançamento na atmosfera, diariamente, de milhões de toneladas de dióxido de carbono. E esse gás está formando uma espécie de película de fumaça sobre a Terra a grandes altitudes. Essa camada de gases letais deixa passar os raios do sol, mas não deixa passar os raios infravermelhos, esquentando assim a superfície terrestre. Nesses últimos anos, a temperatura mundial já esquentou cerca de 1 grau. E quando essa temperatura chegar a um aumento médio de 4 graus, além de a temperatura média se alterar, as calotas polares começarão a derreter e alagarão as cidades marítimas de todos os continentes. O clima mundial tenderá a se elevar e a se transformar muito, com o advento alternado de secas e enchentes. A América do Norte, a Europa e o norte da África tenderão a ficar de 50 a 60% mais secos, e apenas 10% do resto do mundo tenderá a ficar mais úmido. E as secas já começaram nos verões desses países.

Mas qual a origem dessas nuvens de gás tão temidas? Primeiro, a fumaça das chaminés das fábricas: 33%. A indústria é a maior poluidora, logo seguida pela geração térmica de eletricidade, que polui com 32%. Os meios de transporte (carros, caminhões, ônibus etc.) contribuem com 29%, o aquecimento das casas, 14%, e finalmente as queimadas de florestas e erupções vulcânicas, com 5%.

E os maiores poluidores do mundo são: os Estados Unidos, com 22,8% do lançamento de todo o carbono do mundo, logo seguidos da União Soviética, com 18,8%, e Europa Ocidental com 14,7%. O Brasil contribui com pouco mais de 5% do carbono mundial na atmosfera.

O buraco na camada de ozônio é causado pelos aparelhos de ar-condicionado que temos em nossas casas, por certas embalagens plásticas e pelos aerossóis. Todos esses itens têm como componentes uma substância chamada clorofluorcarbono. A revista *Veja* de 5 de julho de 1989 faz uma afirmação ao mesmo tempo trágica e cômica: "A cadeia de lojas McDonald's, com suas 10 mil lojas no mundo inteiro, teria contribuído muito para o rompimento da camada de ozônio. A McDonald's deixou de usar embalagens com clorofluorcarbono no ano passado..."

E é esse tipo de consumo cotidiano que está causando em cima da Antártida um buraco da altura do monte Everest e do tamanho dos Estados Unidos... E a camada de ozônio (O_3), que é oxigênio mais puro, impede que os raios letais que fazem parte dos raios solares cheguem até a Terra.

E só há poucos anos a opinião pública mundial tomou conhecimento desse quadro aterrador que desde a década de 1960 é sistematicamente denunciado. E o pior é que, se não forem tomadas imediatamente providências drásticas na estrutura do consumo, esse quadro tenderá a crescer cada vez mais aceleradamente.

Porque a tecnologia cresce cada vez mais depressa, a sua velocidade não é aritmética, mas, sim, exponencial.

E é tão importante conhecermos como é essa velocidade que tentaremos em algumas páginas resumir o que foi a história da tecnologia, porque os acontecimentos foram de uma lenta escalada a uma aceleração explosiva.

Os vestígios mais remotos da presença humana sobre a Terra foram encontrados por volta de 1950 no desfiladeiro de Olduvai, na África Ocidental, em escavações feitas por Leakey, Tobias e Napier. Através dos modernos métodos de datação, baseados na desintegração radiativa do carbono, pôde-se precisar com relativa exatidão a data em que viveu este primeiro ancestral — o Zinjantropo —, tendo esta sido fixada há cerca de dois milhões de anos. Essa descoberta sensacional veio pôr fim às então vigentes concepções científicas que davam à espécie humana uma idade máxima de quinhentos mil anos.

Embora esse nosso primeiro antepassado não conhecesse ainda o uso da pedra trabalhada, vivia de caça e pesca, colhia sementes e frutos, já dispondo de alguns instrumentos — simples seixos rolados —, indício certo do seu nível humano. Às peles encontradas junto ao seu esqueleto levam a crer que construía, também, para si, abrigos de peles e ramagens.

Essa idade, chamada do *Seixo Rolado*, durou nada menos que *um milhão e seiscentos mil anos*, pois a segunda etapa que se conhece deve ter-se iniciado há uns quatrocentos mil anos, com o Homem da China ou Sinantropo, de cuja descoberta participou o padre Teilhard de Chardin. O Sinantropo e outros congêneres também foram encontrados na África, Indonésia e Europa. É a idade da pedra lascada antiga (*Paleolítico Inferior*). Os instrumentos correspondentes a esse período são dotados de formas mais características, mais trabalhadas, porém ainda muito pouco variadas.

As técnicas de lascar a pedra vão progredindo pouco a pouco. Entre 150 mil e 40 mil antes da nossa era, os homens da pedra lascada média (*Paleolítico Médio*), denominados Homens de Neandertal (por terem seus primeiros representantes sido descobertos na localidade assim denominada, situada na Alemanha Ocidental), apresentam progressos consideráveis em relação aos seus antecessores: discos, raspadeiras, instrumentos de cortar, furadores e algumas espécies de serra. Aparecem, também, as primeiras sepulturas, sinais da crença em uma vida depois da morte.

Do ano 30 mil a 10 mil antes de nossa era, estende-se a Idade da Pedra Lascada recente (*Paleolítico Superior*). São ainda maiores os progressos desta fase: invenção da zagaia, do arpão, das agulhas de costurar. Aparecem também os primeiros ensaios de arte, nos admiráveis afrescos das cavernas de Altamira e das grutas de Dordonha. Seus autores, quanto às feições, à maneira de ser, são já em tudo semelhantes ao homem moderno.

A humanidade dá, então, entre 10 mil e 5 mil a.C., um salto ainda maior; os homens passam a domesticar os animais e a cultivar a terra. Aprendem a moer o grão e a dar polimento a seus machados e enxadas. Inventam a cerâmica e o tecido. Escavam as primeiras minas. Até então nômades, tornam-se cultivadores, fixam-se à terra. Formam-se os primeiros núcleos humanos que, nos milênios seguintes, vão se transformando primeiro nas cidades, depois nos impérios da antiguidade. *Esta é a grande revolução neolítica, a Idade da Pedra Polida*. Só ela fez a humanidade dar um salto maior do que nos quase dois milhões de anos anteriores de sua história. O motor desse salto foi a descoberta tecnológica dos métodos de cultivar a terra, a invenção da *agricultura muscular*.

Nesse período formaram-se e desenvolveram-se as grandes correntes religiosas do Oriente e Ocidente (inclusive o judeu-cristianismo), floresceram as artes no seu sentido maior (a partir dos gregos) e desenvolveu-se uma nova forma de pensamento, o *pensamento abstrato*, que fez o homem emergir do seu mundo mágico-tribal e o lançou na grande aventura da civilização moderna. O impulso inicial desse tipo de pensamento em termos coletivos foi dado pelos filósofos gregos maiores (Sócrates, Platão, Aristóteles). Liberado no ser humano pela invenção do alfabeto fonético, trouxe para a humanidade uma nova forma de ser, tanto individual como coletiva. Constitui a origem de toda a nossa capacidade de aprender e assimilar, portanto, da filosofia e das ciências, bem como dos sistemas econômicos e sociais modernos. Mas, com esse pensamento, como já vimos, nasce também a supremacia masculina e com ela o patriarcado (cuja história abordaremos no próximo capítulo).

Essa etapa durou praticamente até os dias em que vivemos, isto é, só foi superada no início do século XIX, onde se situa a *Primeira Revolução Industrial*. Até então o homem vivia maciçamente do trabalho dos seus músculos, cultivando o solo. A invenção da mecanização (cujo protótipo foi o método de impressão tipográfica inventado por Gutenberg) veio, num certo sentido, libertar o homem do trabalho de seus músculos, tendo sido ele substituído pelo trabalho das máquinas. Com a difusão da mecanização em grande escala e a consequente libertação do homem da terra, as cidades vão crescendo em importância. Tem início a civilização urbana, com novas leis psicossociais, novos sistemas econômicos. É a época do capitalismo liberal nos países ocidentais. Criam-se, então, os grandes impérios econômicos, no sentido moderno do termo. E, sob a pressão das necessidades de ordem econômica (necessidade de racionalização do trabalho, baixa de custos etc.) desenvolve-se como nunca a pesquisa científica, chegando as ciências a um início de grande especialização. Desabrocha, pois, em termos coletivos o pensamento indutivo científico, fase superior do pensamento abstrato.

Essa etapa durou menos de duzentos anos, pois, outra vez, na segunda metade do século XX, algo novo aconteceu. O desenvolvimento da ciência e das diversas técnicas adquiriu uma envergadura explosiva no início do século. A grande maioria das invenções técnicas que modelam a nossa vida cotidiana (automóvel, telefone, telégrafo, antibióticos, cinema, televisão, rádio, satélites, aviões etc.) data deste período. Entretanto, insistiremos que dessa explosão nasceu outro fenômeno inesperado: com a invenção da automação e o consequente advento da Segunda Revolução Industrial, não é mais o trabalho dos músculos humanos que foi substituído pela máquina, e, sim, o do seu próprio cérebro! A automação dos processos de produção, processo radicalmente diferente da mecanização, praticamente está tornando o homem *obsoleto*... Isto é, ao menos teoricamente, no fim do século XX, as máquinas podem substituir o homem...

Essa descrição, embora incompleta e excessivamente resumida mostra, apesar disso, à primeira vista, que, entre uma idade e outra da história da humanidade, os intervalos de tempo são cada vez menores. Primeiro lentissimamente, depois de maneira cada vez mais rápida, a história vem sofrendo um processo de aceleração contínua. François Meyer, filósofo francês, teve a boa ideia de confrontar etapas e datas. Colocou num gráfico (ordenadas) as sete etapas sucessivas da história e na abscissa as datas em que cada uma delas se iniciou, conforme mostra a figura a seguir:

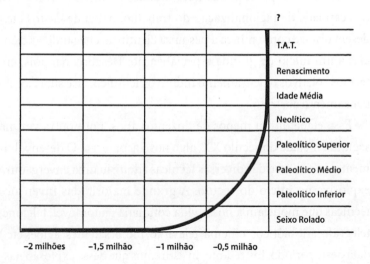

E se colocássemos em uma reta que principiasse em 2 milhões, a data do início da agricultura muscular se localizaria na ponta final, pois 10 mil correspondia a 0,5% de 2 milhões. Assim, 99,5% da vida humana passaram-se na pré-história. E, do 0,5% histórico, apenas 1% (porcentagem de 100/10 mil) corresponde aos últimos cem anos, em que está se processando a explosão tecnológica.

ACELERAÇÃO DA HISTÓRIA

Do aparecimento do homem sobre a Terra ao início dos tempos históricos

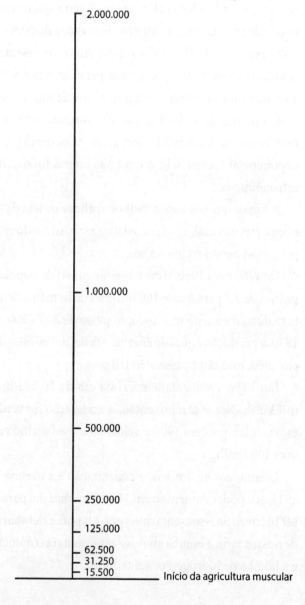

Como vemos, o resultado foi notável: os progressos, a princípio lentíssimos, vão se acelerando até alcançar, em sua fase mais recente, velocidades vertiginosas. E para quem possui alguma noção de matemática, a simples observação da curva que assumiu essa aceleração indica que essa é a curva representativa de uma *equação exponencial* representada pela fórmula $f = e^x$, isto é, o seu crescimento é proporcional à potência x de um número dado.

O que significa que a aceleração humana não cresce em proporção aritmética (aditiva) nem geométrica (multiplicativa) e, sim, exponencial (potencial), o que, nas etapas finais, lhe dá valores astronômicos.

A fim de que possamos melhor avaliar a ordem da grandeza que é uma exponencial, eis alguns dados estatísticos do crescimento do progresso nesses últimos anos:

De 1760 para 1960, o crescimento anual da população mundial passou de 3,7 para quase 100 milhões de homens; de 1700 a 1960, a taxa do aumento do microscópio passa de 200 a 300 mil vezes; em 1830, a produção anual de energia era de 200 bilhões de quilowatts; em 1960, essa cifra passa a 30 trilhões.

Em 1839, a velocidade máxima era de 20 km/h; hoje é de 20 mil km/h. Nesse campo, então, a aceleração foi verdadeiramente espetacular, pois em 1900 a velocidade média ainda não ultrapassava 100 km/h.

Quanto aos explosivos, a constatação é a mesma: entre 1860 e 1945, seu poder aumentou em 250 vezes, mas daí para cá ele passa a ser incrível. Se representarmos por 1 o poder detonante de pólvora de nossos avós, a bomba atômica representará o número 6,5 bilhões e a bomba de hidrogênio, 4,8 trilhões.

A subida da curva de produção do aço passa de 4,3 milhões de toneladas em 1860 para 200 milhões um século depois; o consumo de papel jornal dobrou de 1939 para 1961.

E isso sem contar os progressos das novas ciências, não existentes no século XIX, como a de matérias plásticas, que subiu de 1 em 1910 para 3 mil hoje, a de computadores eletrônicos, que centuplicou em 10 anos e que, segundo as previsões do Institute for a Cyber Cultural Research, deve aumentar numa proporção de 4.800 vezes nos próximos dez anos.

Mas o principal efeito dessa aceleração e que a torna verdadeiramente explosiva é o fato de ir cada vez diminuindo mais o intervalo de tempo entre a descoberta em laboratório de uma nova invenção técnica e a sua fabricação em termos comerciais.

Segundo a General Electric: entre a descoberta do efeito termiônico e a venda da primeira lâmpada triódica: 35 anos; do observatório Roentgen aos tubos Looldge: 20 anos; da descoberta do nêutron à primeira pilha atômica: 10 anos; da descoberta das propriedades das micro-ondas ao radar: menos de 10 anos; da fissão do átomo à primeira bomba atômica: 5 anos; da purificação dos semicondutores à venda do primeiro transistor: 3 anos.

Aqui, também, a lei é exponencial.

Depois de todas essas constatações, voltando à observação do nosso gráfico, chegamos à conclusão de que, em matéria de aceleração histórica, o valor de *x* é cinco: as etapas sucedem-se com a velocidade de cinco para um, ou melhor, cada fase é superada cinco vezes mais rapidamente pela que lhe sucede. Assim, à primeira etapa de 1,6 milhão de anos sucede-se outra de trezentos mil, outra de sessenta mil etc., até chegar a 150 anos, tempo que durou a primeira Revolução Industrial, quando foi ultrapassada pela segunda revolução da automação.

Ora, concretamente, isso quer dizer que, *no intervalo de tempo que vai do nascimento à morte de um único indivíduo de nosso tempo, as condições de vida mudaram mais que em um milhão de anos, no início da humanidade.*

Em cada uma dessas etapas, que corresponde a um salto qualitativo da humanidade, foi provocada a aceleração por alguma descoberta "técnica": a maneira de lascar a pedra, de poli-la, a invenção da agricultura muscular, da mecanização, da automação...

Depois da visão desse quadro todo, a primeira impressão que temos é de que a humanidade, nesta década que entra, está correndo a uma velocidade louca para o abismo. O avanço tecnológico está trazendo efeitos colaterais sobre a natureza de que nem sequer se cogitava na década de 1960. E tudo indica que estamos longe de reverter o quadro de competitividade, que é a origem deste avanço desenfreado.

Por um lado, os países ricos estão destruindo aceleradamente o meio ambiente. Trinta por cento das espécies vivas estão sob ameaça de extinção. A cadeia biológica está se quebrando em várias de suas partes. Enquanto isso, os pobres ficam cada vez mais pobres. Que futuro nos resta?

Daqui até o fim do século (e do milênio), isto é, em menos de dez anos, tendem a acontecer muito mais eventos do que aconteceram no resto da história anterior. Por certo ainda não chegamos ao ponto de não retorno da destruição de nossa espécie; ainda é possível haver uma saída, mas nos perguntamos entre perplexos e inseguros: a saída, onde está a saída?

23. O FIM DO MILÊNIO

Há vinte anos, falar de devastação da natureza era coisa de alternativos. Hoje, os problemas do meio ambiente já influem decisivamente nas decisões de órgãos financiadores na concessão de empréstimos para novas firmas, para países etc. Os partidos verdes em todo o mundo cresceram com grande aceleração, menos aqui no Brasil.

E a população mundial também cresce exponencialmente: levou dois milhões de anos para atingir o primeiro bilhão de habitantes, o que aconteceu em 1850. E hoje, 140 anos depois, já passamos de cinco bilhões. E, já no ano 2000, isto é, em menos de dez anos, seremos seis bilhões... Ora, isso em tempo biológico é instantâneo. Mas em tempo industrial significa que, nesta década de 1990, as pressões ambientais também crescerão exponencialmente. Se hoje ainda não estamos no ponto de não retorno, em breve chegaremos a ele, e então a existência da espécie estará implacavelmente ameaçada. Estima-se que se a velocidade de destruição da natureza continuar no mesmo ritmo, esse ponto chegará antes do ano 2010.

Portanto, é preciso que desde o nível individual mais íntimo, passando pelos níveis comunitários, local, nacional e internacional, sejam tomadas medidas para reverter esse processo, e simultaneamente, pois todas as transformações estão acontecendo ao mesmo tempo. Acredito que o que até aqui foi exposto tenha parecido difícil de assimilar por muitos leitores, mas não pelo conteúdo e sim pelo leque de campos abordados. Seria, então, importante, antes de fazermos algumas reflexões para concluir este trabalho, analisarmos de outra maneira o que foi dito.

Começamos pela sexualidade, a característica mais individual de cada um de nós, isto é, começamos pelo individual e acabamos no jogo da economia, da política e da tecnologia. Vamos, agora, remontar, do fim para o começo, de maneira mais integrada, tudo que dissemos, e talvez o quadro se faça mais claro.

Vemos que nos primeiros milhão e 600 mil anos, o que prevalece nos grupos humanos é a cultura de coleta e de caça aos pequenos animais. A caça aos grandes animais só aparece quando se desenvolve uma tecnologia suficientemente adaptada para isso. Só quando há machados de pedras e principalmente flechas e facas é que se espalham as culturas de caça aos grandes animais. Isso se dá também na medida em que os recursos vegetais e os pequenos animais vão se esgotando.

Nessas sociedades, a mulher exercia um papel central. Os homens não conheciam exatamente a sua função na procriação e, por isso, não podiam controlar a sexualidade feminina. As mulheres eram consideradas privilegiadas pelos deuses por serem capazes de parir. Antes da atual inveja do pênis detectada nas mulheres da cultura patriarcal, havia uma arcaica inveja do útero por parte dos homens, detectada em dois fenômenos praticamente universais nas culturas primitivas: a *couvade* e a iniciação ao ritual dos homens na adolescência.

A *couvade* consistia em o homem associar-se ao parto. Pouco depois de parida, a mulher voltava aos seus trabalhos e o homem ficava cuidando da criança, deitado na cama e recebendo parentes e visitas. A iniciação ritual masculina acontecia quando o menino chegava à puberdade. Nessa época, era tirado da mãe e das outras mulheres que cuidavam dele e entrava para o grupo de homens. Antropólogos que presenciaram essa cerimônia em diversas partes do mundo contam que ela consistia na imitação ritual do parto com objetos de madeira e rituais mágicos. Daí em diante, o homem exorcizava a influência que a mulher exercia sobre ele, e só então se considerava independente. Para a menina isso não era necessário, pois a primeira menstruação era o sinal biológico claro de que ela já ingressara no mundo adulto e podia procriar.

Nessas culturas em que os grupos eram muito pequenos, praticamente não havia competitividade. A cooperação mútua e a distribuição dos alimentos entre todos eram essenciais para a sobrevivência. Como não havia necessidade de lutar com outros grupos por mais território, os povos eram pacíficos. O trabalho não era sistemático. Havia uma grande integração entre crianças e adultos, entre homens e mulheres, entre o grupo todo e a natureza.

Os primeiros grupos humanos viviam em perfeito equilíbrio ecológico com os animais e o resto do meio ambiente. Nas regiões em que o alimento se torna escasso, os grupos começam a competir pelo alimento e também a competir entre si. Porque a força física é essencial para a sobrevivência desse tipo de grupo, o homem começa a ter precedência sobre a mulher, mas, ainda aqui, ela conserva seu poder de decisão por sua especificidade reprodutora.

E só muito mais tarde, lá pela época do neolítico superior, que os homens aprendem a fundir os metais e descobrem os métodos de arar a terra. Devido ao calendário que possuía em seu próprio corpo, a mulher fora a primeira a perceber os ciclos da natureza e a aproveitá-los.

Elas foram, pois, as inventoras da agricultura simples ou horticultura, como chamados hoje, bem como da cerâmica e da arte de tecer. Mas foram os homens que inventaram o arado.

Com essa invenção, as tribos tiveram que deixar de ser nômades e se fixaram na terra. É aí, há menos de 8 mil anos, como vimos, que começa o período histórico, pois, com as primeiras "fazendas", formam-se os primeiros aglomerados, as primeiras aldeias, as primeiras cidades-Estado e os primeiros Estados e os impérios no sentido antigo do termo. Já nesse período os homens conheciam a sua função na reprodução e podiam controlar a sexualidade das mulheres. Estas são então reduzidas à sua função procriadora e ao domínio da casa, do privado, enquanto os homens destinam a si mesmos o papel de construtores da história. Era preciso muitos filhos para arar a terra e fazer guerras, por isso as mulheres passaram a dedicar-se apenas à tarefa de procriar e educar os filhos.

Antes de prosseguir, voltemo-nos para o tipo de relação homem/mulher nas culturas primitivas. Nos grupos matricêntricos, não havia competitividade, e, sim, solidariedade, não havia uma estrutura social hierárquica, centralizadora e autoritária, nem uma sociedade desigual. Havia rodízio de lideranças, a decisão era dividida entre todos, não havia estratificação sexual nem social.

O poder começa a centralizar-se apenas quando se instala a competitividade. Isso, no entanto, vai acontecendo aos poucos. Nas sociedades de caça, mesmo naquelas em que havia a supremacia masculina, as mulheres tinham grande poder de decisão.

O mito de que as culturas primitivas eram ferozes e antropofágicas é falso. A ideia da horda primitiva de Freud é antes uma fantasia patriarcal do que a realidade. Existia em algumas sociedades mais guerreiras o canibalismo. Comia-se o inimigo para assimilar a sua força e a sua coragem. Era um ritual religioso e não uma prática cotidiana de sobrevivência.

É apenas quando a mulher passa a ficar reclusa no domínio privado que ela se cinde do homem. E é nesse momento que o homem se divide de si mesmo, da mulher, dos outros homens e também do meio ambiente. Começam as relações de violência consigo mesmo e com os outros, trazendo como resultados a fabricação da psique feminina e masculina atuais e também a fabricação da psique do opressor e do oprimido. É nessa profundidade, portanto, que se pode entender por que durante estes últimos milênios a mulher aceitou a sua submissão, e também os oprimidos. A cumplicidade de ambos para com a opressão vinha do fundo do inconsciente, onde eles introjetavam a sua inferioridade.

No período histórico, houve muito poucas rebeliões de escravos. A primeira grande rebelião de um povo inteiro oprimido aconteceu justamente no Império Romano. Roma foi o maior e mais competitivo império da Antiguidade. Seus imperadores eram cruéis e sanguinários. E o mundo inteiro era escravo deles. Foi nessa época que numa pequena região da Ásia nasceu um homem que se dizia filho de Deus.

Quando o Cristianismo migrou para a capital do Império, ele não o fez levando Iavé Senhor dos Exércitos, aquele que punia rigorosamente os que transgrediam a Sua lei. Não foi o Antigo mas, sim, o Novo Testamento que converteu os escravos do Império Romano.

Ainda muito próximos de Cristo, os discípulos traziam a supremacia do amor sobre a lei, a valorização do oprimido, a condenação da riqueza e do poder. Nos trezentos primeiros anos, o Cristianismo não sacralizou o sistema dominante, mas, ao contrário, minou-o a ponto de fazê-lo desmoronar. Organizou os escravos em pequenas comunidades de base em que tudo era comum, em que havia rodízio de liderança, e em que o amor e não a competição unia a todos. Com isso, deu força para que esses escravos voltassem a ter confiança em si mesmos e pudessem sobreviver. Parcialmente resgatou a condição da mulher, porque pregava o amor, que era um valor eminentemente feminino. E as mulheres tinham voz ativa nas primeiras comunidades cristãs.

Quando o Cristianismo se tornou a religião oficial, pouco a pouco foi desaparecendo Cristo e aparecendo Iavé, o Deus dos Exércitos e do Poder. E é assim que até hoje o Cristianismo sacraliza, como já vimos, os sistemas dominantes onde ele é a fé oficial.

Desde o início da civilização agrária, isto é, de cerca de 8 mil a.C. até o século XVIII, nada mudou na estrutura de produção. E apenas há cerca de duzentos anos que se inventou o primeiro tear movido a vapor, base da civilização industrial. E com ele apareceu a maior aceleração tecnológica da história da humanidade. Chegamos assim a este fim de século e de milênio. E são os países ricos e não os pobres os causadores dos danos ambientais. Aumentam os laços de dependência entre os povos de maneira sofisticadíssima, o abismo entre pobres e ricos e entre classes num mesmo país cresceu dez vezes em menos de um século.

Uma segunda rebelião de escravos aconteceu no início do século XX. Em um dos países mais atrasados do mundo, a União Soviética, camponeses e intelectuais matam os aristocratas e abolem as classes sociais. O Estado agora é proprietário e planejador da economia. Mais tarde o Leste Europeu, a China, Cuba e parte da África aderem ao socialismo.

Entretanto, quase três quartos de século depois de sua implantação, já é possível fazer-se alguma avaliação do que ele representou. No início, o socialismo foi realmente um grande salto de crescimento humano. Ao contrário do que pensava Marx, ele foi implantado não nos países desenvolvidos em termos capitalistas, mas nos menos desenvolvidos. Erradica-se o analfabetismo, supera-se a fome, os índices de saúde crescem muito. Ao confiscar os meios de produção, os regimes socialistas erradicam de uma penada a sociedade multimilenar de classes.

Contudo, à medida que o processo avança é que se podem ver as suas vulnerabilidades. O Estado torna-se o grande proprietário de todo o sistema produtivo. Vêm, portanto, de cima para baixo todas as ordens e todas as planificações. Com o decorrer das gerações, uma nova sociedade de classes vai se formando, dessa vez mais rígida do que no capitalismo e com muito mais poder: a burocracia de Estado.

As liberdades fundamentais do ser humano são oficialmente reprimidas, e durante períodos cometem-se na URSS grandes perseguições e até mesmo genocídios. Assim, o individualismo burguês é substituído por um coletivismo homogeneizante.

Privados de sua motivação de trabalho, que milenarmente fora individual e não coletiva, os trabalhadores passaram a ter baixa produtividade, e a economia socialista veio a estagnar com o tempo. Em fins da década de 1980, Gorbachev tentou liberalizar a economia soviética, tornando-a mais competitiva interna e externamente. Nos países ocidentais, passou-se então a considerar a democracia liberal capitalista a forma definitiva de governo humano.

Do dia para a noite, derrubou-se o muro de Berlim, e ao mesmo tempo continentes como a África e a América Latina foram marginalizados do processo de desenvolvimento. E se prega o fim da história.

A segunda rebelião de escravos fracassara e a pergunta que então se coloca para este fim de século é: será que realmente chegamos ao fim da história? Será que o ser humano nasceu mesmo dentro da dialética do senhor e do escravo?

E para sempre?

QUARTA PARTE

O DESEJO

24. DEPOIS DOS SEIS MESES

Provavelmente os anos 1980 foram os mais bem-sucedidos da minha vida, mas, de uns anos para cá, depois daqueles seis meses, fui sentindo um cansaço a que eu chamaria essencial. Tudo me parecia cinza como aqueles ambientes pós-modernos que tanto agradam aos intelectuais.

Mas, depois de reler o que escrevi neste livro, esse desânimo me parece até pouco. Eu e você estamos tendo o privilégio de assistir ao fim de um século e também de um milênio. E isso não é para qualquer um, não. Confesso que a mim me dá vertigem, porque na minha fantasia me sinto paranoicamente responsável pelo que está por acontecer. Olhe aí:

Primeiro, estamos vivendo dentro de uma cultura patriarcal que caminha com uma velocidade fantástica: se formos fazer a sua avaliação numa só frase, encontraremos o quê? Simplesmente, dois terços da humanidade passando fome para que o outro terço coma exageradamente. A possibilidade de destruir o mundo cem vezes num minuto pelo arsenal atômico já existente. E, finalmente, o que estamos fazendo com maestria cada vez mais rápido, a destruição do planeta pela nossa loucura e pela nossa burrice.

Em segundo lugar, o fracasso das grandes tentativas de libertação. Nos primeiros tempos do Cristianismo, deu certo porque foi feita de dentro para fora (incluindo o resgate da condição da mulher), mas logo depois tornou-se a pior das opressões. A segunda, que foi a dos países socialistas, foi feita de fora para dentro. Tentou-se acabar de uma penada com a sociedade de classes, mas, 75 anos depois, ela já estava de volta.

Não se tocou verdadeiramente na condição da mulher, portanto, a cabeça feudal dominadora dos homens não mudou, e as desigualdades acabaram voltando. Mistério maior ainda é o do que aconteceu com a religião.

As religiões serviram para santificar os sistemas econômicos, mas os fizeram durar. Ora, a lógica era: se se erradicasse a religião, se erradicaria também a pior alienação do homem para consigo mesmo, pior ainda do que a alienação dos frutos do seu trabalho. No entanto, não foi assim que aconteceu. O homem do Leste Europeu, tornado ateu à força, continuou sendo ainda mais opressor e, quando pôde, começou a fazer do consumo a sua religião: se não existe felicidade depois da vida, vamos então ser felizes aqui. Nada de luta nem de sacrifício coletivo; nada vale a pena porque não existe a alma... Ao contrário do que dizia Fernando Pessoa, a alma não é nem grande nem pequena.

Por isso, a destruição da Terra não tem ideologia: a União Soviética só é a segunda destruidora do planeta porque a sua economia não é a primeira.

Tudo isso vem compor agora uma situação paradoxal: hoje vence uma democracia baseada nas relações capitalistas de produção que têm em seu cerne a própria alienação que os socialistas queriam erradicar. Essa alienação de si mesmo que o homem tanto teme está congelada no conforto e na mediocridade dos países desenvolvidos. E, aparentemente, para sempre.

Então, quem fica perplexa sou eu: se a religião é alienadora em certas instâncias mas pode ser libertadora em outras, isto é, pode ser manipulada como nós queremos e não pela vontade de Deus. Se a sua erradicação piora essa manipulação, se o progresso econômico leva ao tédio e à repressão da mais profunda criatividade humana, pois que, desenvolvidos, os países mergulham na chatice sem-fim do fim da história, então o problema deve ser de outra natureza. E foi aí que me fiz a pergunta. Levei um ano debruçada sobre ela e acho que vou levar o resto da vida, mas alguma coisa já começa a aparecer:

Mas, afinal, quem é o ser humano?

25. MAS, AFINAL, QUEM É O SER HUMANO?

Depois do vertiginoso panorama que acabamos de descrever, ficamos perplexos, e uma única pergunta vem à nossa mente: mas, afinal, quem é o ser humano? Sabemos que esse animal é diferente de todos os outros. Sua especificidade consiste em que ele é o único espécime do reino animal capaz de transformar a natureza e, portanto, de fazer história. Mas por quê?

Situemos primeiro os humanos dentro da evolução biológica. A lei da vida é uma só: o animal nasce, amadurece e morre. Uma das mais importantes descobertas da física deste fim de século é a do físico francês Prigogine, que provou, com uma matemática extremamente elegante, que as estruturas vivas — a que ele chama estruturas dissipadoras — se alimentam de entropia, isto é, de morte.

Em termos do senso comum, isso quer dizer que cada ser vivo se alimenta de outro ser vivo, e, por sua vez, a decomposição da vida dá origem a novas vidas, como, por exemplo, da terra, que é feita de decomposição, nascem direta ou indiretamente todos os seres vivos. Isso quer dizer que há na natureza duas forças em jogo: as forças da vida e as forças da morte. E, se a vida sai da morte, daí se segue que é preciso que os indivíduos morram para que a espécie continue viva e que as espécies, por sua vez, também morram para que a vida vá atingindo progressivamente formas cada vez mais complexas, portanto cada vez mais superiores.

Isso quer dizer, em outras palavras, que, ao contrário do que possa parecer, essas duas tendências opostas, uma que leva a vida a desabrochar, a se desenvolver e a se complexificar, e a outra que faz todo organismo se deteriorar, murchar e tender para as formas mais simples da morte, não estão lutando entre si.

Em cada organismo, elas não estão em antagonismo, mas em oposição dialética. Portanto, elas se integram e se harmonizam dialeticamente em cada ser, pois são as duas faces da mesma moeda: morte e vida são igualmente essenciais para a evolução das espécies e, portanto, é tão natural uma quanto a outra. Todo ser vivo, animal ou planta, tende a amadurecer. Para esses seres, ser maduro é tudo, é cumprir o seu destino, e depois a outra parte natural é morrer, reintegrar-se no ciclo interno da vida. Todo ser vive desse destino, pois tende naturalmente à sua morte.

Só no ser humano não acontece assim.

O homem é o mais complexo dos primatas. Nele aparece e se desenvolve uma nova parte do cérebro: o córtex cerebral, através do qual o ser humano foi capaz de simbolizar, de falar e, portanto, de se afastar da natureza. Há ainda dois outros detalhes que fazem o macaco humano diferente dos outros: a criança nasce com o cérebro pouco desenvolvido. E o desenvolvimento completo vem a dar-se depois que a criança completa a sua fase de crescimento. Daí a necessidade de uma infância mais prolongada para o animal humano: ele custa a aprender a viver, a produzir a sua sobrevivência, ao contrário dos outros animais, que, pouco depois de nascerem, já estão aptos a lutar pela própria vida.

Além disso, a fêmea humana não tem cio, isto é, está receptiva sexualmente durante a vida toda. Ora, isso faz com que o ser humano tenha a mais que os outros animais, além do córtex, uma sexualidade muito mais desenvolvida que o faz acasalar-se continuamente, ao passo que as outras espécies só se acasalam em certos períodos.

E, por requerer mais cuidados, a criança precisa de uma estrutura que a proteja durante o seu período de imaturidade, estrutura esta que vem a ser a família em suas diversas formas. Por esses dois fatores, porque seu cérebro é incompleto e porque tem mais capacidade de sentir prazer, sua infância fica ao mesmo tempo abrigada da luta pela vida e dirigida para atividades prazerosas.

Assim, o fato de ao cérebro arcaico animal superpor-se um cérebro novo específico do ser humano origina o primeiro paradoxo da vida humana. O cérebro novo se opõe ao arcaico, o que não acontece nas outras espécies. Isso quer dizer o quê? Se o cérebro arcaico nos aproxima das outras espécies por ser a sede dos impulsos, dos instintos, das pulsões, do prazer e da dor, o cérebro novo é a sede da inteligência, da fala e de todas as atividades especificamente humanas, e por isso nos afasta de nossas origens. Daí essa luta que é intrínseca apenas à nossa espécie. Como já vimos, ela vai se solidificando naqueles quase dois milhões de anos que constituem a lenta passagem de animalidade para a humanidade. E, na vida individual, a ontogênese também segue a filogênese.

Nas primeiras fases da sua vida — a vida intrauterina —, a criança vive imersa numa perfeita onipotência, com todas as suas necessidades automaticamente satisfeitas pela mãe. Na hora do nascimento, o recém-nascido é separado da mãe, e essa é a primeira experiência de separação, uma dolorosa e traumática experiência. A criança, que não é suficientemente forte ainda nem para viver nem para morrer, sofre então o seu primeiro medo da morte, a sua primeira ansiedade de ser abandonada, que virá a ser o protótipo de todas as futuras ansiedades e de todos os futuros medos. Logo que nasce, o bebê é colocado ao seio e, imerso em seu corpo, imagina uma vida de prazer sem fim. Mas, ao mesmo tempo, há vezes em que o bebê não encontra o seio materno. Essa é a sua primeira experiência de frustração. Pouco a pouco, vai aprendendo que nem todas as suas vontades podem ser satisfeitas, e por essas frustrações inevitáveis ele vai aprendendo os seus limites e os da mãe, encaminhando-se assim para a experiência da sua individualidade.

Mas a criança ainda quer a mãe só para si. Na sua psicologia imatura, ela sente cada separação como uma morte e cada reencontro como um nascimento. Reprime a morte porque não pode viver sem o outro. A libido infantil, que Freud identifica com a sexualidade, a que chama Eros, é totalmente voltada para a união e para o prazer. Ao instinto de separação que vem da ansiedade e do medo, o instinto de morte, ele chama Tânatos. E em nossa vida emocional esses dois instintos entram em luta.

Na vida física do ser humano, como em todos os outros seres vivos, vimos que vida e morte se opõem dialeticamente, e, assim, nascemos, amadurecemos e depois morremos. Somos porém, os únicos seres que têm uma capacidade mental. Ora, em nossa psique, também, vida e morte se enfrentam, mas vemos agora que há uma diferença: eles estão em luta, e não em harmonia: porque a criança é fraca e impotente, e sozinha não consegue sobreviver, é incapaz de morrer e ao mesmo tempo de viver.

No entanto, o cérebro arcaico precede o moderno, e, portanto, o emocional é mais enraizado em nós que o mental: o desejo é mais primário que o pensamento.

A busca fundamental do animal humano desde que nasce é encontrar um objeto satisfatório para o seu desejo e, portanto, como diz Freud: "Toda a nossa atividade psíquica consiste em buscar o prazer e evitar a dor e é automaticamente regulada pelo princípio do prazer"; é apenas o princípio do prazer que estabelece o propósito da vida.

O nosso desejo de felicidade está, no entanto, em conflito com o mundo todo: a realidade frustra o desejo. O conflito do prazer com a realidade é a causa da repressão. Quando crescemos, o nosso eu consciente tem que se ajustar à realidade, enquanto o inconsciente continua ligado essencialmente ao seu desejo e é o elemento insubmisso e indestrutível da alma humana. As frustrações da realidade não podem destruir os desejos que são a essência do nosso ser.

Quando a realidade é insuportável, nos refugiamos no sonho e na fantasia, que são o sucedâneo dos prazeres negados pela realidade. Nesse ponto, como conclusão de tudo o que vimos até agora, temos a primazia do desejo, a fuga da dor e da morte e a repressão dessa dor e dessa morte como os primeiros passos da nossa vida.

Cabe-nos agora ver como se concretizam, no decorrer da vida dos indivíduos e da sociedade, essa luta e essa desarmonia entre Eros e Tânatos. E a resposta é uma só, tanto na palavra dos que estudam a psique individual como as sociedades: a cultura. O ser humano foge de suas frustrações primárias sublimando seus desejos primeiramente na fantasia e no sonho e depois na construção do mundo. Só o ser que rejeita a morte tem capacidade de construir um mundo artificial.

No entanto, diante do que expusemos, fica uma pergunta: é, pois, a luta pela sobrevivência que impõe a repressão ou, ao contrário, o homem é o animal que cria história e cultura para se reprimir?

Essa é a resposta que temos agora a pretensão de dar. O ser humano modela a sua realidade, e a fabrica, fabricando diversos tipos de culturas e sistemas econômicos. O ser humano pode, mesmo, ser definido como o animal que modela o seu meio ambiente. E, fabricando culturas diversas, reprime-se diferentemente: cultura e repressão são indivisíveis. O problema é saber que repressão e que cultura.

E sem esse conflito não há crescimento. Por isso, o homem tem um coração inquieto, quer ser sempre diferente do que é. Tem sempre desejos que não são satisfeitos pela cultura. E esses desejos reprimidos são o que há de imortal no ser humano, e são eles que mantêm o processo histórico. A história não é forjada pela destreza da razão, mas pela astúcia do desejo.

Marx diz que a essência do homem está no trabalho (princípio da realidade), e Freud, que ela está no desejo (princípio do prazer). Assim, o desejo deve estar subjacente à motivação que leva o homem a trabalhar. Para melhor percebermos essa relação entre desejo e construção do mundo, voltamos outra vez à criança, origem de tudo. Ela e seu desejo imortal.

26. O DESEJO IMORTAL

O que há de mais primário no ser humano não é o seu pensamento, e sim, como já vimos, o seu desejo. E, embora o mundo inteiro esteja contra ele, o homem está o tempo todo à procura da felicidade. Por isso, só o desejo é capaz de mobilizar o aparelho psíquico como um todo. O desejo, e não o pensamento. O pensamento só pode nos tomar quando por trás dele há um desejo maior.

Então, toda a história nada mais é do que a busca inquieta e interminável do prazer através de objetos sucedâneos, e todos os fatos humanos não dão felicidade porque não são capazes de preencher o vazio deixado pela vivência da infância, dos dias mais felizes de antes da repressão.

Mas o que causa repressão é a própria ambivalência da infância: de um lado, esse desejo onipotente e sem limites, e de outro, a total dependência de vontade alheia. E a criança se reprime para não perder o objeto amado.

Nosso desejo indestrutível de retorno inconsciente à infância, nossa profunda fixação nesse sentido são um desejo de redescobrimento do corpo depois de termos construído uma alma, e também o desejo de voltar ao brinquedo que é a mais prazerosa forma de atividade humana, depois de termos sido obrigados a trabalhar para sobreviver.

Esse paraíso primário não pode, no entanto, ser reconquistado, porque ele tem uma falha fatal: não se adapta à realidade. E essa realidade suprema é a morte. Como vimos, o primeiro ato do recém-nascido é a negação da morte.

Nossos desejos totalmente livres e não inibidos não podem ser realizados, e assim a criança os realiza em sua imaginação. O primeiro tipo de pensamento da criança é a fantasia, o pensamento mágico, que satisfaz alucinatoriamente os desejos não realizados. Por não conseguir adaptar-se ao mundo real, a criança toma então a si mesmo e ao seu corpo como objeto erótico. O Eros é, antes de mais nada, narcísico.

Mas é também dirigido para fora do corpo: o Eros procura também satisfação no outro, em primeiro lugar na mãe, e, além dela, em todas as fontes arcaicas de prazer. O Eros quer fundamentalmente unir-se ao outro, seja possuindo-o, seja tornando-se igual a ele. A atividade prazerosa do próprio corpo leva à procura de prazer no corpo de outrem, e é assim que pouco a pouco a criança vai incorporando esses objetos ao seu ego, isto é, vai conhecendo o mundo. Eros, como uma força do ego humano, procura afirmar um mundo que seja só amor e prazer. E afirmação como sucedâneo da união pertence a Eros...

E assim se cria o corpo polimorficamente perverso da criança, todo ele penetrado de gozo e sexualidade: o corpo que se deleita na atividade de todos os seus órgãos, o corpo que brinca. Um corpo que se autoaceita, que se autodeleita, transborda para fora de si mesmo, para o mundo inteiro da criança.

Nessa fase, não há qualquer dualismo entre o Eu e o Outro. A experiência venturosa do bebê no seio da mãe é a primeira experiência de amor total, e tende a ser procurada mais tarde no amor adulto. Por isso, todo descobrimento de amor e de objeto é sempre um redescobrimento. E, porque supõe a abolição de todos os dualismos, essa experiência é tão idealizada. Ficamos a vida inteira como indivíduos e como espécie à procura dessa situação de totalidade. E, diz Freud, a humanidade se livrará de sua moléstia quando for capaz de abolir os dualismos que a atormentam.

Contudo, o principal dualismo não é o dualismo sujeito-objeto, e sim, como vimos no capítulo anterior, o dualismo entre o instinto de vida e o instinto de morte: Eros e Tânatos. Todo dualismo subjacente a qualquer conflito na vida humana individual ou coletiva é o dualismo entre a vida e a morte.

Eros, que leva à fusão e à união, não se concilia com Tânatos, que leva à separação, à autonomia, à individualidade e, portanto, à morte. Já vimos como no nível orgânico o instinto de vida e o de morte se harmonizam, e como o homem é o único animal que tem o privilégio de insurgir-se contra a natureza biológica e entrar em luta com ela. Daí sua doença. E esse conflito só poderá ser ultrapassado se a neurose (doença) e a repressão também puderem ser ultrapassadas. Para compreendermos como isso pode ser feito, tentemos agora descrever o instinto de morte.

Segundo Norman Brown em seu livro *Vida contra morte*, Freud, em sua obra, dá a esse instinto três características: a primeira é a tendência a negar a atividade quando ela é necessária, isto é, renunciar aos próprios ideais para voltar à paz de antes do nascimento. A segunda é a compulsão à repetição desses atos destrutivos. Embora sintamos que estamos fazendo algo errado ou doloroso, continuamos compulsivamente a fazê-lo. E a terceira é toda negatividade, todo desejo de destruir, de negar aquilo que se ama ou que é prazeroso. Qualquer negação, como já dissemos, é filha do instinto da morte.

É a compulsão à repetição que fixa o indivíduo, em nível inconsciente, a experiências traumáticas de sofrimento na infância. E esse masoquismo primitivo final voltado contra o eu, à medida que o sistema nervoso se desenvolve, vem, mais tarde, se extroverter num instinto de agressão. Para não morrer tenho que matar. O dualismo primeiro não é entre amor e agressão, mas entre amor e vontade de morrer.

É a compulsão à repetição que nos atira sempre para a frente no caminho errado, buscando a satisfação em objetos insatisfatórios. E é ela também que nos lança no reino da fragmentação e do tempo, fragmentado em horas, minutos, segundos, enquanto Eros está na integridade e na eternidade, no instante único do eterno prazer. Pela tendência a matar ou morrer, a humanidade tem apenas dois caminhos a seguir: ou defender-se matando os outros ou matar-se a si mesma para se destruir.

Como vimos, em todos os organismos, vida e morte agem em harmonia. O animal que não é reprimido morre quando tem que morrer, e para ele a morte é a finalidade da vida. Para ele, ser maduro é tudo. Não tem medo nem nega a vida peculiar à sua espécie. Pela repressão, apenas o homem é aquele animal que ainda está procurando a vida peculiar à sua espécie e não a encontrou. Por isso está em conflito consigo e com os outros.

Toda religião nada mais é do que essa dificuldade de lidar com a morte. Como não é suficientemente forte para morrer, o ser humano inventa para si uma imortalidade, seja através dos antepassados, seja uma imortalidade no Céu, individual. Desde o mais primitivo até o mais sofisticado dos modernos, o ser humano ainda continua com o mesmo problema.

Essa compulsão a repetir é que leva a humanidade a alterar a natureza e o seu destino. Nenhum animal irreprimido pensa em alterar nada. A vida é boa porque é a vida. Por isso é plena. Portanto, falar no instinto da morte em conflito com Eros é também falar na história e no tempo, pois onde não há esse conflito está a Eternidade.

E falar em história é falar em transformação, em mudança. O animal que não está satisfeito quer mudar, quer herdeiros para se sentir imortal. Só o que é pleno não quer mudar. Só o prazer é para sempre.

27. AS FASES DA LIBIDO

A grande lei do desejo é espalhar-se pelo corpo inteiro o tempo todo, é tornar-se um êxtase eterno. Contudo, como já vimos, ele vem integrado com o primeiro medo da morte, e é a realidade que lhe impõe limites desde o seu aparecimento no corpo humano. Por isso, a criança, que não é suficientemente madura nem para viver nem para morrer, aprende a concentrar o desejo nas regiões do corpo que sente mais ameaçadas de perda. Assim, ao menos na nossa cultura patriarcal, seguindo Freud, podemos mapear a libido infantil em três fases: oral, anal e genital.

Na primeira fase, a libido se concentra principalmente na boca, órgão com o qual a criança se une ao seio materno, fonte arcaica do prazer. É nessa época, no entanto, que a criança descobre que nem sempre o seio está à sua disposição e aprende o primeiro dualismo: o do sujeito e objeto.

É nessa fase primeira que a criança concebe o projeto grandioso de um mundo que seja puro prazer, pura união, e com isso repudia o mundo exterior, negando a sua existência. Nessa fase, então, a incapacidade do ego infantil aceitar qualquer separação nega a realidade e sobrecarrega o projeto narcísico de união amorosa com o mundo com o projeto irreal de se transformar a si mesma em todo o mundo.

Na segunda fase freudiana da libido — a fase anal —, na criança que já anda, isto é, que já se movimenta independentemente no mundo físico, o dualismo sujeito/objeto é transformado em dualismo passividade/atividade. O narcisismo infantil traz da fase anterior o projeto de negar a sua própria dependência, mas sente agora essa dependência no plano da ação como passividade e, por isso, afirma a sua independência pela atividade rebelde, procurando transformar a passividade em atividade, como, por exemplo, ao dizer, brincando: "Agora eu sou a mãe e você é o(a) filho(a)."

No entanto, esse empenho obsessivo em transformar passividade em atividade é agressão, e por isso Freud denominou essa fase de sádico-anal. Em outras palavras, a criança exterioriza o seu instinto de morte, até então interiorizado na negação da realidade, no ataque a essa mesma realidade. A agressão nada mais é do que o instinto de morte exteriorizado. Nessa fase, a fantasia do menino é tornar-se pai de si mesmo. Eros, mediante o projeto de tornar-se ao mesmo tempo mãe e filho na fuga à morte, transforma a morte (princípio de negação) numa negação ativa que é a agressão. Evidentemente, o projeto de tornar-se mãe e filho não é executado na realidade, mas na fantasia, e as fantasias são corpóreas, isto é, ligam-se à parte do corpo que pode ser, de modo mágico, manipulada como a cópia fantástica do eu.

No próximo capítulo, quando nos detivermos na sublimação, esse mecanismo ficará mais claro, porque é nessa fase que se inicia esse processo de dessexualização do ego corpóreo. Nesse momento, em que estamos apenas descrevendo resumidamente as fases da libido, nos deteremos na terceira fase, a fase fálica.

Nessa fase, a polaridade atividade/passividade se transforma na polaridade entre masculinidade e seu oposto, que, ao contrário do que seria o óbvio, não é o feminino, mas sim a castração. O menino, embora exprimindo sua reação contra a passividade com a rebelião ativa, continua se sentindo impotente diante da sua "passividade" biológica, isto é, por ser nascido da mãe. Daí procurar transformar essa passividade com o projeto edípico de ter um filho com a mãe, de querer possuir a mãe, isto é, de tornar-se pai de si mesmo. E aí, magicamente, o menino sente que todos os seus instintos poderiam ser satisfeitos, *todos*, o amoroso, o agradável, o sensual, o provocador, o autoafirmativo e o independente.

Assim, pois, a essência do complexo de Édipo é tornar-se pai de si mesmo, isto é, tornar-se Deus. E essa intuição teve a maioria dos filósofos, como Spinoza na *causa sui* ou Sartre no *être-en-soir, pour-soi*. E é assim que se perverte o narcisismo infantil, perversão essa que nasce do medo, da fuga à morte.

Nessa fase que vem a dar na fase de organização genital do homem adulto, a libido não se concentra mais na boca, nem no ânus, mas no pênis e aí fica localizada até o fim da vida. Assim, a masculinidade é definida como atividade; a atividade narcísica do pênis, de ora em diante, é identificada com a própria posse desse pênis. Só quem tem o pênis pode tornar-se o pai de si mesmo. E a posse do pênis sobrecarrega de fantasias de posse não só a relação de homens com mulheres, mas a de pais com os filhos e do homem para com o mundo. Os filhos são os herdeiros do pai e o perpetuam.

É nesse momento que o homem cria para si uma alma imortal (na concepção freudiana, a alma é o ego). Quando tratarmos da sublimação, isso ficará mais claro. O que desejamos enfatizar aqui é que essa distribuição, esse mapeamento da libido, como já dissemos antes, não nos parece natural. Ela é uma hipercatexe de uma região corpórea em detrimento das outras, induzida pelo narcisismo humano em fuga da morte.

Todos os problemas da sexualidade infantil do menino vêm à tona nesse momento da castração, em que o menino tem medo de ser morto pelo pai pelo seu desejo de possuir a mãe e por toda a sua onipotência decorrente disso.

28. SUBLIMAÇÃO E MORTE

Todos os problemas da sexualidade infantil vêm à tona no complexo de castração, que é o vínculo da sexualidade infantil com o comportamento adulto. Como já vimos, o complexo de Édipo sucumbe ao complexo de castração. Mediante o complexo de castração, a sexualidade infantil transforma-se em sexualidade adulta normal, e sua libido concentra-se na sua área genital. A teoria da castração é, portanto, chave para a compreensão de toda a psicologia adulta.

O medo da castração deixa na criança uma grande quantidade de libido que não pode ser transformada em atividade sexual corpórea e, portanto, é praticamente deslocada, pelo mecanismo de sublimação, para objetos não corpóreos, como, por exemplo, a construção do mundo, da história e da cultura. Essa energia é, pois, dessexualizada, deserotizada e, por isso, daí em diante, passa a não ser mais fonte de uma satisfação erótica autêntica, mas uma satisfação sucedânea, na qual o Eros corpóreo se une ao Tânatos, que tende a não ser corpóreo, porque é o medo da morte que tira a energia sexual do corpo. Dessa maneira, toda cultura tem como componente estrutural a fuga à morte, isto é, o instinto de morte, na maioria das vezes em luta com o instinto de vida.

Dessa maneira, o complexo de castração estabelece a peculiar capacidade dos corpos humanos de vislumbrar atividades não corpóreas (sublimações) e a peculiar capacidade do eu humano de se autonegar (superego). E esse domínio de morte aparece por causa da revolta contra a morte e o desejo de união com a mãe (no projeto de *causa sui*). É nessa fase, portanto, que vida e morte estão em luta mais aguda, principalmente no menino (macho).

Há um momento em que o menino fica radicalmente só nesse processo, que é quando teme o pai e rejeita a mãe. Está separado dos dois: por medo da agressão do pai e do afeto da mãe. Ora, essa face a face com a morte talvez seja a promessa de imortalidade. É nesse momento que no menino se forja uma alma imortal e projeta essa imortalidade mais tarde na promessa de todas as religiões, das corporações e dos feitos culturais. E assim, de maneira dessexualizada, o menino perpetua a intenção edípica de tornar-se pai de si mesmo. A sublimação continua o projeto edípico de forma abstrata, e por isso ela é tão poderosa. Assim, pode o homem adquirir uma alma distinta do seu corpo e uma cultura superorgânica que ao mesmo tempo eternizam tanto o projeto de *causa sui* quanto o horror da diferença orgânica dos sexos.

O homem adquire uma alma, mas continua apenas um corpo. O que corresponde à alma no corpo é o desejo que fica dessexualizado, o desejo que, em parte, vai se localizar só no pênis, cindindo-o do resto do corpo. Essa localização é filha da luta entre o instinto de vida e o de morte, que causam a erotização mórbida da morte. Esta, unida ao narcisismo infantil, é que deforma para sempre o corpo humano num corpo genitalizado, com um pênis provisoriamente dessexualizado, mas carregado de fantasias eróticas de volta à união com a mãe, que agora a criança sabe que é fisicamente inexequível.

E, assim como as organizações genital e pré-genital distorcem o corpo do narcisismo infantil, distorcem também o ego infantil.

A função do ego é ser a superfície sensível do corpo inteiro, mas a permanência da fantasia de *causa sui* faz do pênis um órgão mais importante do que ele é na realidade, uma miniatura do corpo total, como vimos em nossa pesquisa.

O complexo de castração, finalmente, acentua a separação do corpo da criança do corpo da mãe, do eu e o outro, mas o faz traumaticamente, de modo que a verdadeira individualidade, que é uma integração e não uma oposição entre Eros e Tânatos, nunca poderá ser alcançada no nosso sistema patriarcal.

O narcisismo infantil, embora sobrecarregado com o projeto de *causa sui*, ainda procura uma independência irreal e ganha morbidez interna. O complexo de castração estabelece um dualismo absoluto entre o eu e o outro. Por isso, tem que fazer uma opção entre o amor do eu e o amor do outro. E, como o amor do outro é visto como mortal, o menino escolhe o autoamor, mas inconscientemente interioriza no superego o amor dos pais, de modo que o autoamor só é conseguido com a cisão entre pais e filhos no inconsciente (daí o ego se opor sempre ao superego).

Através do superego, o pai é subjetivado, e o homem consegue finalmente tornar-se pai de si mesmo, mas à custa de sua verdadeira autonomia, tornando-se, pelo superego, dependente das regras sociais e da autoridade moral coletiva. Por isso ele nunca consegue atingir a plena individualidade. Da mesma maneira, a agressão, elemento essencial do processo de *causa sui*, é também subjetivada, não só na luta entre ego e superego, mas na luta eterna entre corpo e mente, entre ego e corpo, entre corpo e alma, que é a repressão e que mantém a dessexualização do projeto edípico e, portanto, todas as sublimações.

O mórbido instinto de morte já transformado em princípio da negação floresce em negação do próprio corpo. O Eros introvertido e a agressão introvertida constituem o "eu autônomo", que é o que sobrou da individualidade humana. Instalam-se assim todos os dualismos que tornam o homem apto para o exercício do poder.

Adão cai no egoísmo, e esse é o pecado original. Cai desde a eternidade no tempo, começa a trabalhar, e essa é a origem da história humana.

Vamos, então, ao que é exatamente a sublimação. Em primeiro lugar, a sublimação, a abstração, a simbolização são funções do córtex cerebral e, portanto, específicas da condição humana. O ser humano é o *Homo sublimem*, e não o *Homo sapiens*. Mas o que está em jogo aqui não é essa capacidade de simbolizar e abstrair, e sim o uso que fazemos dela. Estamos aqui afirmando que ela é usada no sistema patriarcal de uma certa maneira que é destinada a reforçar o sistema, mas, por isso mesmo, estamos também indiretamente afirmando que, se é assim, poderemos fazer dessa capacidade o que quisermos, uma vez que conhecemos os mecanismos pelos quais ela funciona.

Por isso, como já vimos, a maneira pela qual a estamos vivendo hoje pode ser compreendida assim.

A sublimação se tornou um desequilíbrio entre o corpo e a realidade, isto é, ela se baseia no dualismo mente/corpo, em detrimento do corpo e com ênfase na soberania da alma. Há, portanto, uma insanidade intrínseca na sublimação, a ponto de podermos dizer, sem medo de erro, com Ferenczi, que a inteligência pura é, em princípio, loucura. Dessa forma, hoje, a grande alienação humana é a alienação de nosso próprio corpo em favor da mente, e toda cura está em devolver nossa alma a nosso corpo, isto é, nos fazer retornar a nós mesmos.

Assim, dá-se a sublimação quando o ego — a alma — dispõe da libido — o desejo. A dessexualização se dá quando a libido passa pelo crivo do ego, e a energia dessexualizada é, portanto, desencarnada ou transformada em energia espiritual. O grande fracasso da psicanálise foi querer compor com a antiga tradição ocidental de sublimação, reintroduzir o dualismo mente/corpo depois de desreprimir o desejo. O resultado disso é que o reprimido fica intelectualmente conhecido, mas continua basicamente reprimido. O que é pior do que antes.

Freud dizia que o que tornava a razão sadia era a limitação do princípio da realidade. E a sublimação seria uma maneira mais sadia de evitar a repressão. Contudo, o grande paradoxo da teoria freudiana é que o ego é incapaz de aceitar a realidade, principalmente a suprema realidade, que é a separação e a morte.

Sem dúvida o ego deve ser sempre o intermediário entre o inconsciente e a realidade exterior, mas o ego humano, que não é suficientemente forte para aceitar a realidade da morte, só pode exercer essa função mediadora sob condição de revelar certa opacidade do organismo em relação à realidade. E o modo pelo qual o organismo humano se protege da realidade de viver e morrer é ironicamente pela inauguração de uma forma ainda mais ativa de morrer, e essa forma é a negação. O primeiro ato do bebê é negar a separação, e essa negação floresce na vida humana na negação do eu (repressão) ou do ambiente (agressão). No entanto, a negação contém sempre dialeticamente a afirmação daquilo que ela nega.

E por isso esse ego não suficientemente forte para viver e morrer aceita e nega a vida, isto é, a dilui a ponto de ela ser suportada. E essa diluição é a dessexualização. E assim, pela dialética de afirmação pela negação, é que as realidades mais superiores do corpo humano se negam às mais inferiores: é assim que por ser negação do excremento que o dinheiro é excremento, e é por ser negação do corpo que o ego permanece ego corpóreo.

Por isso, toda abstração é a projeção sublimada do corpo inteiro. O ser humano que perde o objeto amado perde o corpo e ganha uma alma, pois o ponto de partida de tudo é a perda do objeto amado que não é aceita. Quando o objeto amado (dos pais) é perdido, o amor que se extingue para ele é reorientado para o eu e depois para os objetos não corpóreos, onde, portanto, a energia sexual é dessexualizada e reorientada para o mundo externo, a realidade.

O próprio conhecimento, as faculdades cognitivas se desenvolvem a partir dessas perdas. A forma humana, ou o ponto de partida dos processos cognitivos, é a perda do ser amado. A criança começa a "testar a realidade": vem procurar na realidade concreta o mesmo prazer que concretamente sentiu e perdeu. Todo pensamento nada mais é do que a procura de uma satisfação perdida, atingida agora pelo atalho da função motora e intelectual do cérebro humano. Vemos assim como se unem o cérebro arcaico e o córtex mais moderno na criança. Daí também que a consciência humana é inseparável da tentativa de transformar a realidade no desejo perdido, que só alguns conseguem, mas que todos tentam!

A realidade que o ego assim percebe e constrói é a cultura. Toda cultura é uma satisfação sucedânea, uma pálida imitação do prazer passado que substitui o prazer no presente, e, por isso mesmo, toda cultura é essencialmente dessexualizada.

O mecanismo mais concreto e primitivo pelo qual o ego humano vai se transformando em alma é a fantasia. Ela é da mesma estrutura que o sonho e está num lugar intermediário entre o pensamento e a satisfação do desejo. É através da fantasia que o ego interioriza os objetos perdidos, instala o outro dentro do eu e, portanto, faz as identificações. A fantasia é, pois, a primeira solução do organismo humano para o problema da frustração e, portanto, para ativar a vontade que vai transformar o mundo. O pensamento sobre a realidade não pode existir sem fantasias de apoio. Daí, segundo Piaget, o primeiro e mais arcaico tipo de pensamento humano ser o pensamento mágico.

O pensamento mágico tem também força para alterar o corpo, pois as organizações pré-genitais e genital da libido são frutos da fantasia da criança, e não da realidade.

A sublimação é, pois, não a continuação da sexualidade infantil, mas da fantasia infantil que elabora o mapa da libido no corpo da criança em organizações sexuais. A cultura, pois, é, segundo Platão, a imitação de uma imitação, a sombra de um sonho, no dizer de Píndaro.

As fantasias primitivas não podem ser relembradas, apenas reativadas no presente da vida adulta. E elas continuam vivas na medida em que o ego adulto eterniza o medo infantil da morte. Um ego suficientemente forte para não temer a morte não precisaria da saída alucinatória da fantasia nem sentiria culpa, que é a conclusão inseparável da fantasia.

Depois do complexo de castração, a criança perde o corpo, mas conserva as fantasias e as projeta na realidade, e vem a criar o opaco meio chamado cultura, através do qual apreendemos e manipulamos a realidade.

E essas manipulações são feitas de acordo com as exigências do meio ambiente externo, o que origina as infinitas formas de cultura que caracterizam a espécie humana. Assim como cada espécie animal tem uma só forma de vida, a espécie humana as tem de maneira ilimitada, e é essa a sua característica.

29. SUBLIMAÇÃO E ANALIDADE

O mecanismo que transforma a energia sexual em sublimação é o fetichismo. À medida que as atividades originais da sexualidade infantil vão se tornando impossíveis, a criança vai projetando cada uma dessas atividades para um objeto do mundo externo. E, a cada vez que ela faz isso, origina uma cisão no ego. Evidentemente, a primeira cisão é a cisão do corpo da mãe, que acarreta também a oposição entre vida e morte no psiquismo do ser humano.

Pouco a pouco, contudo, o ego corpóreo da criança vai efetuando alianças com a sua alma (a sua fantasia), e as cisões vão continuando. Vem a seguir na fase oral a cisão eu/outro, sujeito/objeto; depois, na fase anal, a cisão atividade/passividade; a seguir, a cisão masculino/feminino, pênis/corpo; e, finalmente, a mais profunda de todas, a cisão corpo/alma.

Assim, a sublimação nega o corpo da infância e procura reconstruir esse corpo perdido no mundo externo inteiro. Por isso, o propósito oculto da sublimação e, portanto, de toda a cultura, é a redescoberta do corpo infantil perdido. E o inconsciente só se torna consciente quando é projetado concretamente. A sublimação é, pois, a vida de um ser que deve descobrir a vida em vez de viver e saber em vez de ser. A característica disso é conservar para sempre a vida a distância, porque ela inibe a dor e o sofrimento que decorre dessa ideia. E o mecanismo básico, como já vimos, é a negação do sofrimento.

É, pois, essa a condição da ação dialética entre a consciência e o inconsciente. A lei da negação aparece na história da consciência sublimadora como a lei da sempre mais crescente abstração, a ponto de termos o mais profundo conhecimento de nós mesmos quando chegamos à máxima abstração. E, visto que a dialética da sublimação na nossa civilização é cumulativa, cumulativamente abstrata, a intuição de que nossa cultura se move no sentido de uma dessexualização cada vez maior e da primazia cada vez maior do intelecto sobre o corpo é correta.

Fizemos todo esse arrazoado para que possamos entender melhor as cisões da sublimação a que nos referimos na primeira parte deste livro; como o corpo erógeno infantil é recomposto abstratamente nessas cisões e nessas sublimações.

A religião, por exemplo, como já vimos, é a projeção para depois da vida, da reunificação entre a vida e a morte, a projeção do êxtase integral obtido na relação da criança com o corpo da mãe, e que, também, como já vimos, é a mais manipulada das projeções pelos sistemas de dominação para manter o ser humano submisso.

A arte é projeção semiabstrata porque libidinosa da sexualidade polimorfa. O gozo da beleza pelo olhar (pintura, literatura etc.), pelo gosto (culinária), pelo ouvido (música), pelo tato, pelo olfato (perfumaria), pela inteligência em objetos fragmentados é vivido de maneira sucedânea à vivência da sexualidade infantil polimorficamente perversa, que erotiza todos os sentidos e todas as partes do corpo ao mesmo tempo. A arte é uma relembrança dessa vivência de forma não ameaçadora para o ego.

Já a abstração é a projeção do corpo inteiro, e as atividades mais abstratas, aquelas que nos permitem um conhecimento mais profundo do ser humano e do mundo, são a filosofia e a ciência, projeção do mundo externo do desejo sexual transformado em desejo de saber. Desejo do conhecimento do corpo transformado em desejo de conhecimento da alma, e curiosidade erótica transformada em curiosidade científica.

Voltamos a afirmar que não estamos tendo aqui uma visão reducionista das atividades intelectuais humanas, mas que elas se integram com as atividades mais arcaicas de maneira específica e, ainda mais, variam de cultura para cultura, devido à interação com o meio ambiente. Assim como Hegel concebia um mundo criado pelo Espírito, aqui estamos tentando definir os mecanismos de um mundo criado pelo Desejo.

Falta agora nos determos no grosso das atividades humanas que são consideradas menos "nobres" que as espirituais, mas que são o núcleo das atividades de sublimação. São elas, exatamente, as atividades econômicas, o trabalho e a estrutura de poder em todas as suas instâncias.

Comecemos pela natureza libidinosa do dinheiro. Freud faz uma estranhíssima equação: dinheiro + excremento. Essa talvez tenha sido a mais extraordinária descoberta da psicanálise, e vem indicar uma nova direção para o que foi dito até aqui sobre a sublimação: ela não é um fenômeno que se inicie na época em que se passa o drama edípico, mas é essencialmente específica da fase anal e transforma todas as projeções que até então tinham sido feitas relativamente às fases anteriores em projeções que estruturalmente têm a ver com o fenômeno da analidade.

Vale a pena nos determos um pouco mais no que acontece nessa fase com o menino (e não a menina). No momento em que o menino se sente radicalmente só, com medo do pai e terror da mãe, ele concebe, como já vimos, o projeto de ser autossuficiente. No entanto, esse projeto vem junto com a dessexualização do pênis ameaçado pela castração. O menino, então, em sua fantasia, cinde o pênis do corpo e o equipara às fezes.

As fezes são a primeira matéria que sai do corpo da criança e da qual ela toma consciência. Elas são ao mesmo tempo vivas e não vivas. Daí o interesse da criança por essa parte que foi do seu corpo.

A autossuficiência significa também autorregeneração; daí o menino, em sua fantasia, fixar-se nas fezes. Estas, de excremento, passam a ser magicamente valorizadas como alimento, mas continuam a ser excremento. O menino, impedido de continuar a colocar sua libido no pênis, porque ele é "obrigado" a dessexualizá-lo, passa a transferir a sua libido para a região anal. Daí a equação mágica: pênis = fezes = filho. É assim que, na sua fantasia, o menino vê o que está acontecendo. Ao mesmo tempo, o excremento é alimento e filho. A fantasia de onipotência se satisfaz, numa instável fusão entre Eros e o medo da morte.

O ganho das fezes implica a perda do corpo. A primeira posse é a posse do excremento, e ela vem ligada, para o menino, à vivência do medo da morte do corpo, da perda do pênis. Assim, ao mesmo tempo que escolhe o amor de si mesmo, no momento em que perde o corpo, o menino, em nossa cultura, escolhe também o amor e a posse das coisas. Daí a natureza excremental inconsequente de toda propriedade e também do dinheiro, resíduo mágico e símbolo de toda propriedade e de todo poder.

Daí em diante, o menino não libidiniza mais nem o pênis nem o corpo, mas a sua relação com o mundo externo das coisas. E a sua libido só vai voltar para o órgão genital mais tarde, quando ele tiver que ser usado na sexualidade adulta. Essa já não é mais a sexualidade infantil perversa polimorfa, mas localizada e fragmentada, o penhor e a perda da sexualidade infantil; por isso a sexualidade adulta masculina como a conhecemos hoje é, também, filha da sublimação.

Na cultura sublimada, não é a sexualidade adulta que é reprimida. Muito ao contrário. Na medida em que a cultura é mais sofisticada, e portanto mais sublimada, essa sexualidade adulta fragmentada é cada vez mais estimulada. No entanto, como ela é também um fragmento de sexualidade, pois exclui o resto do corpo, que para o homem fica anestesiado, insensível e portanto sublimado, como apareceu na nossa pesquisa, é também manipulada pela cultura. Assim, em nossa cultura, está perdido para sempre, para o menino, o Paraíso terrestre.

30. INDIVIDUALISMO E PODER

Uma questão crucial agora é saber como se transforma o poder, visto como serviço nas culturas arcaicas, no poder como posse da cultura moderna. Como se transforma o homem arcaico submerso no grupo no indivíduo solitário dos tempos modernos? Aquele que escolhe o amor de si em detrimento do outro, como substitui aquele que escolhe o amor do outro em detrimento de si? E o que se passa quando a partilha se transforma em competição?

As primeiras culturas, as matricêntricas, as mais arcaicas de todas, não produziam nenhum excedente econômico, viviam o dia a dia, o presente e apenas o presente, isto é, tinham a capacidade de gozar o aqui e agora. A ruptura que por acaso fizessem dos seus tabus era expiada com oferendas às deusas. Nasce aí a noção de dívida como uma falta a ser resgatada. Nessas culturas, a dívida ou transgressão era automaticamente paga quando se faziam sacrifícios coletivos dos frutos da caça/coleta à divindade, que sempre os aceitava. A culpa da transgressão era expiada quando compartilhada. Por isso, não havia pecado individual. Assim, homens e mulheres integravam-se com o grupo, com a natureza e com a divindade imanente. E o compartilhar era a lei da sobrevivência, o que implicava o poder como serviço.

Mais tarde, nos tempos da sociedade de caça, esse esquema continuou, mas o dar e as oferendas passaram a ter um caráter mais trabalhoso. Não são mais o fruto da terra, mas o fruto do trabalho de caçar ou pescar, e até da guerra. Já aqui há um incipiente excedente econômico, e o dar já não é tão recíproco quanto nas sociedades coletoras. Ele implica humilhação de quem recebe e, portanto, prestígio para quem dá. Assim, a primeira forma de poder dentro da partilha é o prestígio, que pouco a pouco vai se tornando sagrado. Os heróis vão se tornando gradativamente os representantes dos deuses sobre a Terra.

Instala-se então um início de competição, e a inveja dos homens pelas mulheres começa a ser liberada (*couvade* e iniciação masculina). Em muitas culturas, essa competição e a degradação das mulheres, como já vimos, são muito fortes, mas essa ainda não é a lei geral.

O poder só se torna posse na medida em que as sociedades crescem e a competitividade entre elas aumenta, crescendo também com isso o excedente econômico. Aí, prestígio *versus* humilhação transforma-se na relação dominante/dominado. A dívida passa a ter outro sentido, além de aplacar a ira dos deuses contra quem transgrediu alguma lei do grupo (tabu). Ela passa a ser dívida de pessoa a pessoa, pois agora a reciprocidade já não é tão simples. E a dívida de quem recebe para com aquele que dá vem agora carregada de uma culpa que fica cada vez mais difícil de pagar, uma vez que quem domina é quem cria a lei a seu bel-prazer.

A culpa passa a ser por definição a agressão subjetivada por aquele que recebe, porque a reciprocidade fica cada vez mais difícil. Isso vai num crescendo até culminar nas sociedades agrárias a que já nos referimos. Nelas, a dívida é irresgatável. Quem recebe nunca pode pagar, porque o dom é carregado de um valor cada vez mais desproporcional à capacidade de pagar, e o amor do outro é visto como muito ameaçador, pois na realidade traz humilhação, servidão e morte. Daí todas as fantasias da cultura patriarcal, o Gênesis, o pai primevo e tudo o que falamos antes. O poder então já é o tomar. Quem tem mais posses tem mais prestígio.

O prestígio assim obtido é sagrado, mas, como conseguir o excedente é muito difícil, cria-se a sociedade escravista e desenvolvem-se os controles dos mais fortes sobre os mais fracos. O escravo é aquele que tem que pagar (isto é, submeter-se ao bel-prazer do senhor) para sempre. E, convencido disso porque o senhor é Deus (ou encarnação dele), ele interioriza os seus grilhões e passa a erotizar a sua condição. A partir de então, quanto mais trabalho se controlasse, mais seres humanos se controlariam. Chegamos aí aos tempos históricos.

Quanto à mulher, as organizações sexuais da libido que esse sistema cria fazem dela a única responsável pelo cuidado da criança porque a reduzem ao domínio do privado e, com isso, tiram-lhe todo o poder público de decisão, tornam-na a única fonte arcaica do amor, e, como vimos, essa é a origem da fabricação do complexo de Édipo e do medo da castração. Essa estrutura dualista público/privado se encarrega de fazer cada homem e cada mulher interiorizarem no inconsciente mais profundo os lugares que o sistema lhes aloca e de serem compulsivamente fiéis a esses lugares, seja de homem ou de mulher, de senhor ou de escravo. A culpa já não pode ser mais compartilhada, mas é de responsabilidade total de cada indivíduo, e irresgatável, o que os fixa na sua condição.

O indivíduo possessivo que se separa do grupo continua em fuga de si mesmo. Começa a não mais partilhar as coisas, o alimento, mas a competir, a querer matar o outro, para ter cada vez mais posses.

Sua essência agora são as coisas, a propriedade. E assim a partilha se transforma em competição. Nasce o indivíduo, o grupo já não é mais ligado pelo dar, mas pelas alianças causadas pelo medo. E assim é até os dias de hoje, em que a reificação do ser humano vai se sofisticando cada vez mais.

Nas formas mais avançadas do capitalismo, as coisas tomam o lugar das pessoas; são o sinal visível da graça espiritual. As coisas se tornam vivas e fazem o que o homem gostaria de fazer: ser onipotente, pai de si mesmo.

Aqui já podemos entender a equação de Freud, dinheiro = excremento. O dinheiro é o resíduo inorgânico que se tornou vivo ao herdar o poder mágico das fezes. A fantasia infantil de tornar-se pai de si mesmo em primeiro lugar volta-se para o uso mágico de objetos em vez do seu próprio corpo, quando se liga àquele objeto que ao mesmo tempo é e não é parte do seu próprio corpo: as fezes. O dinheiro herda a magia infantil do excremento e torna-se então capaz de gerar e ter filhos, isto é, reproduzir-se independentemente do ser humano... e como! Basta o que estamos vendo hoje: quanto mais pagamos nossa dívida externa, mais ela cresce...

Agora vemos outras consequências do individualismo. Se a esfera do dar é feminina e corresponde às culturas matricêntricas, a esfera do tomar, do possuir, é masculina e pertence ao patriarcado. A psicologia do dar é, pois, feminina, e a do tomar, masculina. O complexo da partilha e da expiação, a oferenda, resolve a culpa pela identificação com a mãe, e o complexo de posse resolve a culpa pela identificação com o pai, o que implica a transformação da culpa em agressão.

No complexo de partilha, a dependência para com a mãe é reconhecida e superada pela transformação de outros em mãe.

O complexo da posse que transforma a culpa em agressão é uma compulsiva negação da feminilidade (o que ao mesmo tempo a afirma) e da passividade.

Ora, isso mostra que só com a psicologia do tomar foi possível a transformação da natureza nas invenções tecnológicas. Assim, individualismo, competição, agressividade e sublimação são inseparavelmente ligados. Aqui novos objetos devem substituir o corpo humano, a suprema alienação do homem (macho) é a alienação do seu próprio corpo. Desse modo, se ele adquire uma alma, essa alma está situada nas coisas. O dinheiro é alma do mundo, e Satã, o Príncipe deste mundo. E assim, o homem constrói obras imortais: as pirâmides, as grandes cidades, os livros, as obras culturais que resistem ao tempo. E, no centro da cidade, a igreja está junto com o palácio do governo. E a cidade depende da produção do trabalho agrícola que não é o seu e corresponde, pois, a um segundo grau de desumanização, que é a separação da natureza.

Os grandes monumentos imperecíveis são, pois, construções de culpa acumulada à expiação e à essência da sublimação: eles são a reificação do sagrado/supérfluo no monumental, no imortal que é a coisa.

Toda cidade é uma cidade eterna, o dinheiro civilizado dura para sempre. Assim, nossa imortalidade está projetada fora da realidade do nosso viver: nas coisas.

O homem arcaico vence a morte ao viver a vida dos seus antepassados mortos, por isso a sociedade arcaica não tem história concreta, e dentro da sociedade arcaica não há individualidade. A individualidade é conseguida com a ruptura com os arquétipos ancestrais. O homem moderno afirma a sua individualidade, nega os antepassados e faz a história. No entanto, essa individualidade é uma individualidade culpada e descontente, faustiana, e não quer morrer. E ela consegue essa proeza com a construção de monumentos que desafiam o tempo, e também inventando os juros compostos. E o herói máximo dessa imortalidade é o *Blade Runner, o caçador de androides*, o homem que vive num ambiente totalmente artificial e se apaixona por uma mulher androide também artificial. Essa é a lenda do futuro que está fascinando a imaginação das gerações pós-modernas dos anos 1980/90.

31. A SAGRADA FOME DE OURO

É o sagrado que mantém os homens voluntariamente escravos, e por isso a propriedade privada pode ficar livremente sob o domínio daqueles que se colocam no lugar de Deus. É sabido de muito que os primeiros mercados foram sagrados, que os primeiros bancos foram templos e que a primeira emissão de dinheiro foi feita pelos sacerdotes ou pelos reis sacerdotes. Dessa forma, ficam mais claras as relações entre o dinheiro, o sagrado e o poder.

A derradeira categoria da economia é, pois, o poder, mas ele não é uma categoria econômica. É uma categoria do sagrado, em primeiro lugar. O privilégio social nasceu a partir da queda do homem, quando ele começa a trabalhar. E a trabalhar para um senhor e a se autoimpor os seus grilhões para expiar a sua culpa. E são as lutas pelo poder, portanto, que fazem as repressões sobre o corpo humano, e que, dessa forma, o fabricam, como vimos exaustivamente neste livro.

Apesar disso, o dinheiro é, antes de tudo, inútil. Para entendermos isso, seria preciso que Marx tivesse construído uma ciência dos valores de uso, dos valores essenciais ao ser humano, e não só dos valores de troca, dos excedentes.

Em decorrência de que só os valores excedentes do uso se transformam em dinheiro, o desejo de se ter mais do que necessita alterou o valor das coisas e, portanto, a distinção entre o necessário e o supérfluo. Por isso a neurose humana está relacionada com o excedente econômico. O luxo, afirmam tanto Thoreau como Platão, é o pior dos empobrecimentos, porque é um empobrecimento do ser. A tendência a produzir o excedente no seu princípio foi fruto da coerção da classe dominante que se apropria dele. E essa é a que menos desfruta daquilo de que se apropria. É da sua competição que nasce o progresso tecnológico. Por um lado, a classe dominante erotiza a morte quando compete entre si indefinida e ilimitadamente. Por outro lado, o trabalho erotiza a morte quando trabalha compulsivamente.

Na nossa pesquisa, a classe dominante falava sempre no verbo *ter*, isto é, o interlocutor era o Capital, ao passo que as outras falavam diante do *ser*, seu interlocutor era a Vida. Mas os operários se viam como máquinas...

E, assim, se pode entender a busca do dinheiro como uma analidade sublimada: é tomar excremento por alimento, mas alimento que sempre continua excremento; é tomar a poeira por divindade, o fantasma por posse, o pesadelo por vida. Desse modo, o complexo de superfluidade invadiu e corrompe o consumo humano: o complexo anal regride para o oral e se funde com ele. Daí a exigência interminável do consumidor de bens não ingeríveis, isto é, de bens de que não precisa, mas também da demanda em que o alimento assume forma de superfluidade, isto é, sofisticação.

Essa perversão neurótica das necessidades tem seu embrião nas sociedades arcaicas, mas é em nossa civilização de poder que toma corpo. O que a elegante lei da oferta e da procura significa é o grotesco de um animal que confundiu excremento com alimento e não sabe disso, e que, como a sexualidade infantil, não procura alvo concreto algum. E, não tendo alvo concreto algum, a aquisitividade não tem nenhum limite. Daí a publicidade ter o poder de criar desejos supérfluos e irracionais. É ela que alimenta a economia de mercado. Se os homens só consumissem o essencial, a sociedade de consumo entraria em colapso.

Com a transformação daquilo que não tem valor em preço, bem como daquilo que não se come em alimento, o ser humano adquire uma alma, isto é, não vive só de pão. Passa a ser o animal que sublima. A tendência a sublimar é a mesma a produzir o excedente econômico.

Marx, para explicar o progresso tecnológico e a historicidade do homem, atribui a ele uma estrutura psicológica que nunca se satisfaz. No homem, uma necessidade gera sempre outra necessidade, o que faz dele um ser eternamente inquieto e infatigável, e, portanto, sem possibilidade alguma de alcançar a felicidade, eternamente infeliz. E é ele mesmo que afirma no segundo volume de *O capital* que, se à acumulação se substituir o gozo, o capitalismo explode. Só que Marx, ao desconhecer o inconsciente, é incapaz de orientar os seres humanos para o gozo! Por isso, quando todas as Igrejas colocam o pecado supremo, o "pecado sem nome", na sexualidade e suas transgressões, têm muito mais razão do que pensamos. Para quem santifica o poder econômico, o maior pecado é, sem dúvida alguma, o gozo. (E foi por isso que meu livro *Sexualidade, libertação e fé: por uma erótica cristã* se mostrou mais perigoso do que se poderia imaginar!)

Outra das dimensões essenciais do poder e da aquisitividade é o amor de si (egoísmo) que o menino prefere ao amor do outro (altruísmo), tido como mortal. Sem isso, também, o poder explodiria. E aí as Igrejas se contradizem pregando o amor ao próximo, mas até essa contradição é diluída quando o rico faz filantropia: o altruísmo a serviço do amor de si.

E dentro desse contexto qualquer dívida se torna culpa. A agressão exteriorizada produz autopunição e autorrenúncia, chegando, no Cristianismo, à teologia da dívida irresgatável. Assim, podemos finalmente chegar à conclusão de que a religião do autossacrifício é que origina a repressão.

A culpa é a agressão contra o ser amado e o medo de perdê-lo. A religião da culpa é o início de toda atividade econômica, porque só assim somos capazes de renunciar ao gozo do presente, expiar essa culpa e adiar o gozo do ser amado para depois da vida.

Por isso, todo dinheiro é, no inconsciente, confissão de uma dívida, e se relaciona com o complexo de culpa. Daí, ainda, o fato de ele estar sempre carregado de fantasias e desejos. E a culpa não é nunca desfeita para que a atividade econômica possa continuar. Isso, no entanto, só acontece no patriarcado, onde a noção de culpa se solidifica. Aí sim, podemos concordar com Freud que toda organização social é formada em nível inconsciente pela cumplicidade da irmandade totêmica com um crime primevo.

E é daí que vem a força do mito primitivo do pai primevo. Ele não antecede, ao contrário, é muito posterior à organização patriarcal, tal qual o Gênesis. A civilização se constrói a partir da culpa, e de uma culpa irresgatável. No Cristianismo, só Deus pode resgatá-la.

No ateísmo moderno, a culpa não é eliminada: em vez de abolir a culpa porque nega a religião, o ser humano aprende a conviver com ela, porque em última instância o problema não é a culpa, mas a incapacidade de aguentar a realidade de viver. Para o ateu, a vida, portanto, perde ainda mais o sentido do que para o religioso, pois não existe a promessa do gozo depois da vida. (E foi essa a origem da derrocada do socialismo no Leste Europeu.)

Na economia primitiva, em que a culpa era ainda rudimentar, havia o sentimento de que com a expiação e a partilha a culpa da transgressão de qualquer tabu era pagável; por isso eles ainda tinham acesso ao gozo no presente, desde que expiassem a culpa, e por isso não produziam excedentes. A culpa foi se tomando impagável à medida que foi sendo necessária a produção de excedentes.

Dessa maneira, a intensificação da culpa emancipa o processo econômico dos controles divinos. O trabalho que antes redimia a culpa e trazia a salvação já não mais resgata nos dias de hoje, e então se interioriza a ética protestante da compulsão ao trabalho.

Toda economia política está orientada para a compulsão ao trabalho e não admite gozo algum. Hoje o ego fica mais forte porque já encara a realidade, mas a neurose persiste. Daí que o dinheiro, como dizia Freud, não dá felicidade, porque não é a satisfação de um desejo infantil. E a destrutividade acumulada que essa verdade implica é essa fantástica destruição que estamos vivendo hoje, neste fim de século e de milênio.

QUINTA PARTE

A SAÍDA, ONDE ESTÁ A SAÍDA?

Meu Deus, que viagem!

Hoje me sinto mais aliviada. Mais uma vez na minha vida aparece o corpo com a chave do enigma da esfinge. Hoje já tenho uma noção melhor de como se fabricam os corpos, as sexualidades, as culturas, o poder político e econômico. Já não me sinto tão devorada pela esfinge. Mas acho que tudo está ainda por fazer. Até aqui nada mais fizemos do que denunciar os mecanismos concretos pelos quais a briga dentro de nós entre a vida e a morte nos escraviza. A resposta para os problemas que estamos vivendo neste fim de era, pode-se dizer, está debaixo do nosso nariz, dentro de nós mesmos.

Agora resta o mais difícil: como sair disso?

Mais uma vez o Destino ou o Karma, ou até Deus, veio em minha ajuda. Eu não saberia escrever o fim deste livro se algo muito importante não tivesse acontecido em minha vida. Até agora recusei-me a dizer uma palavra que fosse sobre minha vida pessoal, porque não era importante para este trabalho. Mas o que aconteceu saiu do mais íntimo do meu inconsciente e do meu desejo. Por isso, peço que mais uma vez você tenha paciência e me acompanhe nesta viagem teórica para que possamos chegar juntos até o fim do caminho.

Creio que já esgotamos o ciclo do desejo do homem. Falta agora nos determos sobre aquilo que Freud chamava "o continente negro": o desejo da mulher.

32. PAI PRIMEVO E MÃE PRIMEVA

Toda a teoria da castração de Freud, e consequentemente da sublimação na antropologia criada por ele, cujo núcleo é a inquestionável superioridade biológica do macho sobre a fêmea, expressa em *Totem e tabu*, porque é apenas com essa premissa de que a descoberta de que a mãe não tem pênis é que passa a ser traumática tanto para meninos como para meninas.

Ele retoma esse mito a que chama "científico" em *Moisés e o monoteísmo* e *Psicologia de grupo e análise do ego*.* Segundo ele, esse pai, que tinha a posse de todas as fêmeas, dominava os filhos pela força e os castrava, até que os filhos se reúnem, matam-no e o comem em cerimônia ritual. E, segundo Freud, o medo da castração teria aí a sua origem filogenética.

Contudo, a grande fragilidade dessa antropologia é que ela é deduzida da psicanálise e, portanto, não pode explicar a própria psicanálise... A partir daí, toda a noção de castração fica aberta a qualquer questionamento. Ficamos livres pois, para argumentar que o complexo de castração não é um fenômeno universal e que

---

* Publicado mais recentemente como *Psicologia das massas e análise do eu*, na tradução de Paulo César de Souza. São Paulo, Companhia das Letras, 2011. (*N. da E.*)

só existe nas culturas patriarcais. E, se o uso da antropologia não é lícito, Freud deixa de dar uma explicação ao que deve ser explicado.

Elucidar a equação da agressividade ativa da criança com o sexo masculino por referência ao fato externo bruto de que o pai é o fator agressivamente dominante na família é admitir como dado exatamente aquilo que tem que ser elucidado. E isso é um sério problema metodológico.

No mito do pai primevo, Freud abandona a explicação psicológica e invoca a categoria natural de força bruta para sanar a lacuna. No estado natural, a força é soberana, e a família humana é constituída pelo monopólio da força encerrada nas mãos do pai primevo, que monopoliza as mulheres e castra os filhos quando estes ameaçam o seu monopólio.

Com esse conceito, Freud recua à posição de Hegel e Nietzsche. Hegel admitia a antinomia senhor/escravo como dada pela natureza, e Nietzsche, oferecendo como Freud uma explicação da culpa como agressão subjetivada, invocava o súbito aparecimento de uma "raça superior" para instaurar a repressão e o Estado, e, assim, causar a subjetivação da agressividade e de fato toda a propensão humana à agressividade, justificando a instituição da família humana. Porque, ao passo que nem o Estado nem a antinomia senhor/escravo podem ser consideradas dadas pela natureza humana, a família pode.

Freud desceu ao nível em que as instituições sociais e naturais estão verdadeiramente ligadas e inaugurou a questão de como o dinamismo psíquico inerente à família humana pode, no decorrer do tempo, produzir a antinomia senhor/escravo e também a instituição do Estado. Por outro lado, mantém ele que a antinomia senhor/escravo é dada pela natureza na teoria do pai primevo. Assim, o despótico pai primevo transfere-se para a família, admitindo como dadas a antinomia senhor/escravo de Hegel e a raça superior de Nietszche.

Contudo, o ponto de partida para uma antropologia que esteja mais próxima da história humana é, como já vimos, a mãe primeva, que se concretiza na vida de cada um de nós, homens e mulheres, na mãe pré-edípica. O que é dado pela natureza é a dependência da criança para com a mãe (ou a pessoa que cuida dela). A agressividade do macho é uma formação secundária. A dominação do macho nas culturas patriarcais é produto da revolta da criança contra uma mãe primeva inferiorizada e é legada à vida adulta e a toda cultura pelo complexo de castração, que consideramos fruto apenas das culturas patriarcais.

Devemos, pois, para atender a mãe primeva, nos desligar do monoteísmo patriarcal de Freud e entrar um pouco na religião da Grande Mãe descoberta por Jung e Bachofen no século XIX e inícios do século XX e só desenvolvida neste fim de século e de milênio. A religião da Grande Mãe está, pois, subjacente à religião do pai primevo como a mãe pré-edípica está subjacente ao pai castrador, e que Freud comparou ao descobrimento da civilização meno--miceniana subjacente à civilização grega.

E é à luz dessa nova teoria da mãe primeva que se pode reelaborar a teoria da sublimação e das inter-relações dinâmicas entre as estruturas da família, da religião e da cultura e do progresso material.

Tanto o trabalho de Joseph Campbell, que já citamos, em que ele descobre, subjacente a todas as cosmogonias, as mais antigas que encaram o universo como criado por uma Grande Mãe incriada — em geral a representação da Terra —, como as descobertas das cosmogonias primitivas em nível antropológico, são frutos das pesquisas da segunda metade do século XX, e tanto Bachofen quanto Jung só puderam ter dela intuições e informações imprecisas.

A realidade da mãe primeva coloca o mito "científico" do pai primevo no seu verdadeiro lugar: a projeção de uma fantasia patriarcal das origens da espécie humana. E é espantoso como toda essa psicanálise esteja construída sobre ela...

Já vimos em capítulos anteriores a maneira de ser dos povos coletores/caçadores, e, em parte, suas cosmogonias. Sua vida era toda baseada na vida como partilha, e não como competição, no desfrute, e não na agressão, no dar a vida, e não no matar para não morrer. Vimos também que esses valores se desenvolveram em fases menos arcaicas da humanidade.

Conheci recentemente uma antropóloga maori, pertencente a um povo que hoje é considerado o mais antigo da Terra e tem tradições que remontam a 40 mil anos. Essa mulher, Hirepati Hamsden, da Nova Zelândia, contou-me: "Nós não temos uma religião do Céu, mas da Terra. Tudo vem e tudo volta para a Terra."

Para essa cultura, a personalidade forte é a da mulher. Sua força reprodutiva, sua capacidade de sensualidade são valorizadas pelos homens como força da vida: "Cada casa", continuou ela, "tem sobre a porta de entrada a estatueta de uma mulher de pernas abertas para dar sorte e fecundidade, e, quando um homem é obrigado a ir para a guerra, passa primeiro entre as pernas de uma mulher para retirar dela a força da vida que o tornará forte, capaz de vencer".

Para esses povos, ao contrário do que a psicanálise afirma, dar não é um masoquismo primitivo, porque, para a concepção patriarcal, dar consiste em perder alguma coisa que se tem, mas o dar primitivo é um ato de exuberância, porque dar é repartir o que se tem em excesso. Principalmente para as mulheres, dar a vida é possível porque elas continuamente estão gerando a vida. E é essa noção que está totalmente ausente de todas as teorias, sejam elas psicológicas, sociológicas ou econômicas, oriundas da psique masculina que concebe o dar como uma perda, isto é, algo que leva à morte.

Para as mulheres, como para a grande maioria das culturas que viveram nestes quase dois milhões de anos que se antecederam ao patriarcado, dar era condição essencial de viver, em vez do tardio lutar para não morrer. Por isso, o dar era uma atividade prazerosa, e havia certeza da reciprocidade. Não havia medo da rejeição.

As irmãs salesianas, que trabalham com os índios do alto Amazonas, me confessaram: "Eles são felizes, vivem em harmonia, não têm medo uns dos outros, nós é que viemos estragar tudo..."

Perguntei também a outro religioso que vivia numa tribo indígena como é que os índios homens viviam pescando e caçando a vida inteira e dando para a tribo todo o produto de seu trabalho, sem conservar nada para si, e ele contou: "Periodicamente eles têm uma cerimônia comum a todas as tribos, que é a *festa* e que requer muito trabalho, muitas viagens e muitos convites. Mas, nessas festas, todas as normas são transgredidas, e há abundância de comida, bebida e sexo. Eles vivem em função da espera da festa. Um dia, nós, padres, achamos que a festa era um desperdício, e tentamos abolir esse rito e vender o milho que eles juntavam para fazer a bebida e, com o produto, comprar coisas de que eles necessitavam. No ano seguinte, ninguém trabalhou nem plantou porque trabalho e tarefas pesadas só eram feitos porque seriam o prelúdio para a festa. Sem festa não há trabalho."

Todos os antropólogos colocam a festa no centro da vida das tribos mais arcaicas. Ela existe a fim de reequilibrar o contínuo dar. Além da reciprocidade, há a grande recompensa de uma vida plenamente vivida que nós, no nosso sistema competitivo do pai primevo, já esquecemos.

Quanto às cosmogonias das culturas matricêntricas, além de Gaia, já citada na Grécia, elas existem nas tribos ainda vivas e mais primitivas. Para os pigmeus Igbo, cuja vida é mais ou menos parecida com a dos indígenas brasileiros que já descrevemos, o mundo foi criado por uma deusa que se criou sozinha e que é a Awa, a Terra, e que possui muitos seios. Entre os incas, a mãe de todos os deuses era Pachamama, a deusa da paz e da fertilidade. É Nomomis dos algonkins e Astarte dos fenícios etc.

Nessas culturas, não há divisão de trabalho entre os sexos nem noção de pecado. E o próprio Joseph Campbell, a maior autoridade mundial em mitologias hoje, escreveu, em 1964: "E não pode haver dúvida de que, nas idades mais antigas da humanidade, a força mágica das mulheres era tão grande quanto a do próprio universo, o que deu a elas um poder prodigioso, e também foi uma das principais preocupações da parte masculina quebrar, controlar e usar essas forças em benefício de suas próprias finalidades."

Hoje já há consenso entre os antropólogos em que, devido ao calendário que as mulheres possuem em seu próprio corpo e que está relacionado com as fases da lua, foi-lhes mais fácil descobrir os ciclos da natureza. Assim, foram elas quem primeiro descobriram a arte de plantar, a domesticação dos animais, o poder medicinal das ervas, a invenção das cestas, da cerâmica... Assim elas desenvolveram uma identificação com a natureza como um todo, o que encorajava a integração, e não o dualismo que mais tarde viria marcar o patriarcado.

Nessa época, a consciência não estava dividida numa guerra entre o instinto de vida e o de morte, nem entre alma e corpo. O mundo era visto como o Doador Primevo. A Mãe Terra era misteriosamente total, autoperpetuadora e combinando em si o macho e a fêmea.

Escavações arqueológicas no Cáucaso encontraram aldeias e cidades cujas culturas teriam sido matricêntricas. E, no meio de centenas de esqueletos, não se encontrou um único com sinais de morte violenta. Essas culturas eram pacíficas, e não agressivas. E esse fato, junto com outro tão evidente que nem mais o reconhecemos, pode nos dar uma grande luz sobre o problema da castração. Como estamos vendo, a castração tem uma história. E esse fato é o seguinte:

O macho humano não tinha descontinuidade alguma quanto à sua sexualidade, em relação aos outros primatas. Mas a fêmea humana tinha. Como já dissemos, ela não tinha cio. Ela está receptiva durante toda a vida. Isso deve ter originado uma sensualidade e uma sexualidade polimórficas. Os controles sobre a sexualidade eram tênues, e os filhos pertenciam a toda a comunidade. Tipicamente, nas sociedades matricêntricas não havia duplo padrão moral entre homens e mulheres, nem a noção de pecado. E, porque a propriedade era comunitária, os homens não estavam preocupados com a legitimação da paternidade, nem mesmo em terem herdeiros. E, como já vimos, as linhagens se perpetuavam a partir da origem materna.

Isso estava baseado em grande parte no fato de que esses povos não conheciam as ligações entre o ato sexual e a gravidez. Até hoje, por exemplo, entre várias tribos brasileiras, quando uma mulher fica grávida, todos os homens que possam ter sido o pai da criança passam por rituais purificadores.

Assim, o corpo da mulher não é propriedade do marido, o que gera uma sexualidade polimórfica entre homens e mulheres. Daí, sem dúvida, a lembrança do arquétipo subjacente à maioria das religiões patriarcais: o Jardim das Delícias... E, assim, no mundo inteiro há evidências cada vez mais poderosas de que a primeira preocupação religiosa da humanidade foi pedir a proteção da Mãe Terra, a grande deusa. Não havia deuses supremos dos quais emanassem leis de comportamento. Era uma religião baseada no corpo milagroso da mulher, que tinha o ritmo da lua, que gerava a vida e ainda produzia alimento para os recém-nascidos. E, principalmente, o grande mistério era que ela dava à luz tanto homens quanto mulheres...

Os antropólogos hoje já têm material suficiente mostrando que os homens reagiam a esses privilégios com inveja e susto (*couvade* e iniciação dos meninos).

Por isso, a exacerbada sexualidade humana originou-se da intensa sexualidade da mulher, e foi essa maior capacidade de gozo da nossa espécie que, como já vimos no primeiro capítulo desta Quinta Parte, originou toda a psicologia humana e as raízes de toda a cultura.

Para os humanos, o ato sexual nunca foi uma necessidade de reprodução biológica como para os animais, que só copulam de vez em quando (quando a fêmea está receptiva). Ele é essencialmente um ato cultural, e foi, em última instância, o que deu origem a toda a diversidade dos sistemas de parentesco e, portanto, de toda a cultura humana. Daí a mulher ter sido a grande forjadora do inconsciente e da consciência humana. O inconsciente não é mais do que sexualidade, em homens e mulheres, porque a fêmea humana tem uma sexualidade ilimitada e a transmitiu ao macho. É, pois, a nossa apaixonada sexualidade o mais humano que temos, ao contrário da opinião da maioria dos homens do sistema patriarcal de que o plenamente humano são as realidades espirituais. Porque foi dessa sexualidade que evolou muito mais tarde a nossa alma imortal.

Porque, nessa época, nossa alma estava bem dentro do nosso corpo. E também na natureza todos éramos indivisos, polimorficamente perversos, como Adão e Eva antes da queda.

Até que chegou o pai primevo...

33. A SEXUALIDADE DAS MENINAS

Já vimos como se articula a sexualidade dos meninos e as suas incríveis consequências. Vamos ver agora como tradicionalmente se concebem as fases da sexualidade feminina. Ainda segundo Freud, na primeira fase (oral), a sexualidade de meninos e meninas seria indiferenciada, com o mesmo projeto narcísico de fusão com o mundo e incorporação do objeto amado. Seria apenas na segunda fase — a anal — que as diferenças se acentuariam.

Nessa fase, quando o princípio da passividade se transforma em princípio de atividade na menina, ela também concebe o projeto de ter um filho com a mãe, isto é, a menina concebe o seu projeto edípico sem a presença do pai. E, na medida em que a menina percebe que a mãe é castrada, isto é, que não possui o pênis como o pai e os irmãozinhos, é que ela se revolta contra a mãe, porque se vê também castrada. Assim, a menina sente o medo da castração antes que o menino.

Ainda seguindo o pensamento de Freud, é nesse momento que a menina assume o princípio de atividade, revoltando-se por ter o mesmo sexo que a mãe e querendo possuir o pênis, tal como o menino.

E, pois, só após sentir-se castrada, a menina se volta para o pai, querendo ser como ele, e só depois ainda é que aceita a sua feminilidade, querendo ter um filho agora não mais com a mãe, mas sim com o pai, e a resolução desse complexo de Édipo é muito mais prolongada na menina, segundo Freud, do que no menino, pois só na adolescência, quando menstrua, ela consegue o seu desejo de ser mãe.

Contudo, antes de criticar esse pensamento tradicional, o que podemos ver numa primeira abordagem é que meninos e meninas, depois de passarem por uma fase de intenso amor para com a mãe, passam a rejeitá-la porque ela não tem pênis; um por medo de se tornar igual a ela, e a outra porque é igual a ela. E ambos idealizam a figura do pai todo-poderoso; um por medo de ser morto por ele, e a outra porque ele lhe é inacessível.

Desse modo, o que gera o complexo da castração não é o medo do pai, mas a descoberta do fato de que a mãe não tem pênis, e isso em meninos e meninas, na nossa cultura patriarcal. E dizemos na cultura patriarcal porque, mesmo quando Freud afirma que os complexos oral, anal e de castração podem passar-se sem a presença do pai, por trás de todas as suas afirmações está o fato de que a mãe é castrada, isto é, "filogeneticamente" inferior ao homem. E, portanto, por trás de toda a teoria freudiana está subjacente a figura do pai primevo. Ora, isso indica, na teoria freudiana, uma preferência generalizada pela masculinidade. Meninos e meninas, ao perceberem a castração da mãe, passam sua preferência para o sexo oposto ao dela, daí a preferência pela masculinidade, entendendo como seu oposto não a feminilidade, mas a castração. Portanto, nessa mesma teoria, a feminilidade está estruturalmente vinculada à passividade, à inferioridade e à castração.

E é desse horror pela mãe que Freud deduz não só a inveja do pênis pelas mulheres como também o horror do incesto. Para ele, esse horror não é antropológico ou sociológico, mas estrutural à psicologia do macho devido à sua culpa subjacente ao complexo de castração. E é com o horror do incesto que Freud associa a formação do superego e, portanto, da consciência humana.

Contudo, o que ocorre com a menina não é bem o que Freud pensava. Quando a menina passa pelo intenso ódio da mãe e quer possuir o pênis, volta-se para o pai e em seguida quer ter um filho dele, isto é, tem desejo do pênis não como posse, mas como objeto de amor. Contudo, ela já é castrada e, portanto, não tem medo da mãe, como o menino tem medo do pai porque pensa que ele vai lhe cortar o órgão. A menina não tem nenhum órgão a perder, e por isso continua ligada fisicamente à mãe, que continua a ser para ela a fonte arcaica do prazer. Daí um sentimento ambivalente para com ela e não unívoco, como o do menino, que corta a sexualidade do afeto. A menina, embora detestando a mãe, continua integrando afeto e sexualidade, como vimos no desenvolver de todo este livro.

No momento em que ela passa a desejar o pai, isto é, a ter o pênis do pai como objeto de desejo, a aceitar a sua feminilidade, o que acontece é completamente diferente do que acontece com o menino.

A menina, que ainda não se cindiu do corpo da mãe, passa agora a se unir ao corpo do pai. Passa a partilhar o desejo e não vê nessa partilha nenhuma ameaça de morte, mas um aumento, um enriquecimento de relação e comunicação.

Assim, como o menino se identifica com o pai a partir da perda e da solidão ("Eu perdi você, agora você está dentro de mim, e eu sou igual a você"), a menina se identifica na comunhão, na fusão, na relação. Ao contrário de perder o amor do pai e da mãe como o menino e ficar sem nada, a menina passa a ter, em vez de um, agora *dois* amores. Ao passo que o menino fica só, ela fica duplamente acompanhada.

Ela passa a aceitar a sua castração não mais como castração, mas como a possibilidade de ter um filho, isto é, um ganho fantástico, e não perda! Sua sexualidade não passa pela fase regressiva anal por que passa a do menino quando ele confunde fezes com pênis e filho. Ela continua menos fixada na fase anal. As fezes não têm para ela o valor que têm para o menino, pois ela não se vê acuada a regredir à fase anal. Ela continua, pois, polimorficamente perversa. Sua sexualidade se espalha ainda pelo corpo todo, e nela não há um período de latência (o período pós-edípico) completamente dessexualizado como para o menino na cultura patriarcal.

Mais tarde, quando ela chega à adolescência e depois à vida adulta e pode realizar o seu sonho de ter um filho, seu corpo erógeno é completamente diferente do do homem. Sua sexualidade não é concentrada na área genital, mas continua dispersa por todo o corpo, inclusive internamente. A perversidade polimorfa invade a sua psique. Ela, que não passou por um processo de sublimação tão agudo como o homem, não separa mente de corpo e, portanto, alma de corpo. Sua alma é uma alma mais dentro do corpo. Não é uma alma autônoma como a do homem. Sua alma é como a definição tradicional da teologia cristã: um espírito incompleto que só pode existir com o corpo, ao passo que a alma masculina é um espírito autônomo como a alma dos gregos.

Por isso, ela desenvolve as qualidades dessa alma que estão integradas com o corpo e que o homem reprime: a emoção, a relação com o outro, a comunhão, a partilha. O dar (dar-se) para ela não é fonte de morte, mas fonte de mais vida, inclusive biologicamente. Ela se dá ao homem e a vida brota nela. Seu ego continua sendo a superfície sensível do corpo. A intuição, a adivinhação do outro, o cuidado com o outro para ela não se originam de um masoquismo, mas de uma exuberância, porque ela sabe que dela pode brotar a vida. Ao contrário do menino, ela não perde o que dá.

A mulher é menos sublimada do que o homem, mas sublima também, porque sublimar é uma função do ser humano, de seu córtex. Existem, no entanto, mulheres mais ou menos sublimadas. Conheço mulheres para quem a relação de afeto com o pai ou com a mãe foi tão dolorosa que elas se refugiam, tal como o menino, num projeto narcísico onipotente de *causa sui*, e na vida adulta fogem do afeto para a intelectualidade, tal como os homens.

Assim, o projeto da sexualidade feminina é em geral muito mais fiel a Eros do que o do homem, mesmo numa cultura patriarcal, onde ela e os seus valores são desvalorizados. Ela permanece, portanto, como a fonte silenciosa da qual ainda não foram hauridas toda a riqueza e toda a potencialidade em nossa cultura. Talvez seja ela quem tenha uma alternativa para a sublimação destrutiva masculina.

34. CORPO E CULTURA

Já vimos como o nosso corpo é o combustível que mantém o sistema econômico funcionando e como se articulam as sexualidades masculina e feminina. Mas se, a partir do que acontece nas várias classes sociais, nos preocuparmos em estender o nosso conhecimento às outras culturas, poderemos perceber como sublimação e cultura se articulam.

Embora não tenhamos muitos dados sobre as culturas primitivas, já há um suficiente acervo de pesquisa antropológica que nos permite vislumbrar os mecanismos que fazem as culturas funcionarem através do corpo dos seus membros.

Tomemos as culturas mais primitivas de coleta que ainda hoje existem, como a dos pigmeus e a dos bosquímanos, testemunhas em extinção daquilo que a humanidade deveria ter sido em seus tempos mais remotos. Essas são as únicas duas culturas de coleta estudadas, e vivem no interior da África. Tanto numa como noutra não há estratificação social nem sexual, tal como não havia nas primeiras culturas de coleta suas antepassadas. Nestas, homens e mulheres não precisavam trabalhar sistematicamente para conseguir o alimento, pois ele era abundante, bem como os pequenos animais, caçados para complementar a dieta. Também entre pigmeus e bosquímanos as guerras são raras, pois não há necessidade de disputa de novos territórios. Como não há necessidade de força física, homens e mulheres possuem a mesma dignidade.

Nesses grupos, a criação dos filhos reflete essa igualdade. Meninos e meninas, desde que nascem, são criados para serem cooperativos, pacíficos, generosos e independentes. A sociedade não é coercitiva nem autoritária, e assim são também as relações entre pais e filhos. Os adultos parecem ter uma infinita paciência com a criança.

Patricia Drayer, que estudou os pigmeus, conta que uma vez ficou observando durante duas horas um pai que estava fabricando umas flechas, e seu filho e seu neto (ambos com 4 anos de idade) ficaram o tempo todo subindo em seu colo e mexendo em suas ferramentas primitivas. Diz ela: "E quando as mãozinhas das crianças chegavam perto do martelo, ele simplesmente esperava o tempo que fosse preciso para dar a martelada seguinte. Embora ele zangasse com as crianças, elas continuavam interferindo no seu trabalho mais ou menos a cada três minutos. Mas ele não ficou impaciente nem afugentou os meninos. Só daí a uns cinquenta minutos eles se afastaram espontaneamente para juntar-se a outro grupo de crianças."

Os pais dessas sociedades coletoras não estimulam a obediência das crianças, e os castigos físicos são quase desconhecidos. Muitas vezes os ocidentais ficavam chocados com a falta de respeito de meninos e meninas para com os pais e outros adultos. O que era muito estimulado era a independência. A autonomia que se dava às crianças pequenas era inimaginável para os padrões ocidentais. O individualismo é encorajado, e a obediência aos pais e às autoridades não é necessária nem desejável nessas sociedades.

O princípio básico da educação das crianças é de que a experiência é a maior mestra. Desde cedo, meninos e meninas são obrigados a defender-se sozinhos numa floresta cheia de surpresas e perigos. A antropóloga presenciou meninas de 3 anos acendendo uma fogueira sem que os pais tomassem conhecimento. Os adultos só intervêm quando acontece que, nas brincadeiras, uma criança menor que não sabe se proteger fica em perigo. As técnicas mais usadas para lidar com comportamentos agressivos das crianças eram distrair-lhes a atenção para outras coisas.

O antropólogo Goodhal descreveu a seguinte cena entre os bosquímanos: "Enquanto um grupo de adultos se divertia jogando cartas, uma menina apanhou uma faca e ameaçou seu irmãozinho menor. Um dos homens tirou-lhe a faca da mão e ela começou a espernear e gritar. E a faca lhe foi devolvida. Então ela começou a se agredir na própria cabeça com a faca, discursando durante algum tempo, o que levou os adultos a boas gargalhadas. Depois de algum tempo, a faca foi novamente tirada da menina e jogada dentro de um arbusto que ela não podia alcançar."

O mesmo antropólogo conta outra cena em que ele foi passear de barco num rio com duas meninas e a toda hora elas mergulhavam atrás de peixes. Alguns dias depois, outras pessoas falaram que aquele rio era infestado de crocodilos. Ele ficou horrorizado com a leviandade dos pais, que deixaram as meninas fazerem coisa tão perigosa. Mas, quando foi repreendê-las, elas responderam: "Sim, claro que nós sabemos que lá tem crocodilo. Mas foi por isso que viemos de barco, porque de noite a gente não enxerga os crocodilos..."

Além da independência, as crianças aprendem também a serem generosas e a repartirem o que têm, pois, para essas sociedades, é muito importante que todos repartam os alimentos, porque ninguém sabe o que irá acontecer no dia seguinte. As primeiras palavras que a criança aprende não são mamãe e papai, mas sim *na* (me dá) e *i* (toma).

Esse tipo de educação é difícil para as crianças, mas logo elas são capazes de repartir com os outros também aquilo que as incomoda ou de que não gostam.

Nessas sociedades, homens e mulheres cuidam juntos das crianças e da produção da subsistência. Embora haja divisão de trabalho para homens e mulheres, ambos são igualmente importantes. Homens e meninos cuidam dos bebês tanto quanto mulheres e meninas. Em geral quem fica na aldeia toma conta de todas as crianças indistintamente. As crianças têm muito mais contato físico com os pais e outras pessoas que cuidam delas do que nós, ocidentais, bem como se relacionam muito mais cedo com as outras crianças do que as nossas. Toda vez que choram são atendidas, e só mamam na hora em que mostram desejo.

Outro fato importante é que também não há distinção de idade nas horas de lazer. Crianças mais novas e mais velhas, adolescentes e adultos brincam juntos. E, como o grupo é formado de pessoas com diferentes níveis cognitivos e motivações, é muito difícil inventar jogos competitivos, pois estes supõem igualdade para poder haver confronto. Assim, a agressividade não é encorajada, mas, antes, a autoconfiança, a aceitação do diferente e o respeito ao grau de desenvolvimento de cada um. E desde cedo meninos e meninas recebem educação sexual informal, ouvindo as conversas desinibidas sobre o assunto tanto entre mulheres como entre homens.

Os esquimós são também um povo coletor e caçador e vivem nas regiões mais inóspitas da Terra: as regiões árticas. Contudo, homens e mulheres cuidam das crianças com a mesma ternura e a mesma competência. Eleanor Leacock, que estudou esse povo, uma vez viu um pai cuidar o dia inteiro de um filho doente, e a criança tinha apenas uma semana, enquanto a mãe curtia uma pele de caribu, o que era considerado trabalho de mulher. O homem sabia tudo sobre o cuidado das crianças, inclusive cozinhar, mas não sabia curtir couro de caribu.

Em suma, essas culturas mais antigas são vestígios das sociedades de coleta que viviam em perfeita harmonia com a natureza. Até hoje os pássaros vêm comer nas mãos das crianças pigmeias ou alimentá-las quando elas precisam, conforme foi mostrado em filme há tempos exibido na televisão. Essa relação de integração com o meio ambiente, entre os sexos e entre as pessoas do mesmo sexo indica que, desde que nascem, as crianças têm sua necessidade tanto da fome quanto do contato físico de pais e mães satisfeitos. Certamente, na hora da identificação sexual, quando a criança já é maiorzinha, o menino não se identifica com um opressor, mas com um homem que cuidou dele, um aliado, um amigo e, portanto, a identificação não é traumática. Não deve haver, como nas culturas patriarcais, a solidão radical e o medo da morte. Também o menino se identifica, como a menina, no interior de uma relação de partilha de amor.

Assim fica claro que toda essa encenação edípica da família nuclear ocidental das sociedades mais avançadas não tem por finalidade a identificação sexual de meninos e meninas, mas, sim, prepará-los para a estrutura psíquica de pensamento e emoção que os tornará aptos para viver num sistema competitivo.

Outra prova disso é o estudo de sociedades primitivas que são obrigadas a competir intensamente por território ou comida. O caso extremo oposto ao que relatamos é o dos ianomâmis, que vivem entre a fronteira do Brasil e da Venezuela e que hoje são bastante populares. Eles são um povo horticultor e caçador e são considerados um dos povos em que a dominação masculina é das piores do mundo. Nessa região, há uma intensa pressão populacional e grande escassez de proteínas, que resulta em guerras frequentes, patrilinearidade, patrilocalidade e o controle dos homens sobre o sistema produtivo.

Como a caça é escassa, os homens vivem em guerra, dispersos entre as aldeias. Nessa altura, há o que os antropólogos chamam de troca de carne por sexo. Os homens trocam entre si as mulheres, seja pela poligamia, seja estimulando o infanticídio feminino. Assim, são produzidos muitos machos excedentes que vão assaltar em busca de mulheres nas aldeias próximas. Dessa forma, o complexo guerreiro continua mantendo baixo o nível da população.

O complexo guerreiro encoraja uma agressividade feroz nos homens e estimula a degradação das mulheres. Os homens vivem lutando, e o corpo deles é coberto de cicatrizes. Constantemente envolvem-se em duelos violentos em que muitos sofrem fraturas de ossos ou ferimentos graves. A finalidade dessas lutas é ver se eles são capazes de suportar todo esse sofrimento, e, se o conseguirem, serão recompensados. A boa imagem do homem é a de ser agressivo e feroz.

Essa ferocidade, no entanto, se volta também contra as mulheres. As mulheres ianomâmis são algumas das mais brutalizadas do mundo. Seus maridos podem surrá-las ou feri-las sem motivo, ou até matá-las, pois isso melhora a imagem da virilidade do marido. As mulheres esperam ser surradas, humilhadas e degradadas, e seu adultério é punido com a morte.

O casamento é definitivamente uma troca de mulheres entre homens. Na linguagem desse grupo, casamento é o mesmo que "arrastar alguma coisa" e divórcio é "jogar alguma coisa fora". E muitas vezes a mulher não tem para quem apelar: seus irmãos estão mais interessados nos negócios com o marido dela do que na sua segurança. E, quando os homens assaltam aldeias e raptam mulheres, em geral estas são estupradas por todos os guerreiros e distribuídas entre os mais bem-sucedidos na guerra.

No que se refere à criação dos filhos, Marvin Harris, que estudou a cultura, relata: "Quando o irmãozinho de uma menina bate nela, ela é castigada quando bate de volta. Mas os meninos nunca são punidos por baterem ou ferirem alguém. Os pais ianomâmis riem às gargalhadas quando seus agressivos filhos de 4 anos lhes dão socos no rosto."

Só a descrição dos costumes dessa cultura nos dá calafrios. Cremos ser a identificação sexual das meninas algo tão traumático que nossa ciência não tem parâmetros para investigar. Aqui, quem se vê radicalmente é a menina, pois a mãe não pode protegê-la: não deve haver relação de amor nem entre homem nem entre mulheres. Só violência.

Podemos, pois, começar a inferir que a identificação sexual que se processa na espécie humana varia muito de cultura para cultura. Ela não é natural, mas produzida, fabricada, de acordo com a relação que essa cultura precisa ter com a sua forma de sobrevivência.

Outro exemplo importante de como uma cultura fabrica o corpo dos homens e mulheres é o de uma civilização agora considerada uma das mais avançadas e expressivas fontes de civilização no mundo ocidental: a Grécia do período clássico.

A Grécia era uma civilização agrária, guerreira, militarizada, guerreando com todos os povos "bárbaros" que lhe cercavam as fronteiras em busca de espaço e riquezas. O auge da civilização grega aconteceu no V século a.C. Cem anos antes, Solon editara um conjunto de leis que mais tarde vieram a ser o fundamento do Estado grego.

Por ser muito militarizada, a sociedade era altamente misógina. As mulheres eram totalmente cortadas das decisões políticas e econômicas e aprisionadas ao âmbito doméstico. Não tinham direito a ter educação, não aprendiam a ler, e desde cedo eram treinadas nos trabalhos do lar. O homem quase nunca aparecia em casa e de forma alguma influenciava na educação dos filhos. As leis de Solon (que era homossexual) vieram limitar ainda mais esse domínio do feminino. A mulher não podia trajar-se com luxo, e só lhe era permitido sair para as cerimônias religiosas e os funerais. Havia então um mundo público de homens, simbolizado pela ágora (a praça central de Atenas), onde eles se reuniam para tomar decisões importantes para a vida do país, e um mundo privado de mulheres, o gineceu de onde elas nunca podiam sair. E eram dois mundos completamente estanques.

Com o correr dos tempos foi crescendo o ressentimento entre homens e mulheres. Estas invejavam a vida livre dos maridos e descarregavam seu ressentimento na educação das crianças, principalmente dos filhos homens.

Os meninos cresciam com uma dupla mensagem: ao mesmo tempo sentiam que as mães os odiavam por serem eles do sexo poderoso e os idealizavam, sonhando viver de maneira sucedânea o sucesso que eles pudessem fazer no domínio público. Portanto, o menino crescia sem ter muita certeza de si mesmo nem de sua virilidade. Por isso, a Grécia Antiga foi o tempo da afirmação dos homens em grandes feitos, na procura da glória e na defesa da honra em busca de sua virilidade.

Como os homens não se aproximavam das mulheres, havia uma forte prática do homossexualismo masculino entre os gregos. Não o homossexualismo passivo, mas o do tipo "blusão de couro negro", em que os homens eram agressivos e ferozes. Eles preferiam, em vez da temida mulher, ou de um homem do mesmo nível que eles, um adolescente. Assim conseguiam uma imagem agressiva e a sua dominação sobre outro homem, ao mesmo tempo que podiam manter sua fobia em relação às mulheres.

Da parte das mulheres, a situação não era a mesma. Elas não se solidarizavam ou praticavam o homossexualismo, apesar de haver dois mundos distintos, o do homem e o da mulher. Elas só conseguiam amar umas às outras em certas regiões da Grécia, onde eram mais valorizadas e educadas da mesma forma que os homens, como aconteceu na ilha de Lesbos. Apenas onde toda a sociedade prezava as mulheres, elas eram capazes de trazer para a maturidade os laços que formavam entre si no mundo especificamente feminino em que viviam.

O que podemos inferir desse caso grego é que, onde os mundos do homem e da mulher são incomunicáveis, os dois sexos tendem a fazer de membros do mesmo sexo o seu objeto de amor, a fim de exorcizar e evitar o outro sexo (desde que haja uma certa dignidade de ambos).

Presenciamos fenômeno semelhante nos Estados Unidos na década de 1970, onde pudemos conhecer mais de perto o gueto gay masculino, e também o feminino. E pudemos perceber que os homossexuais homens imitavam as mulheres para se verem livres delas e viver num mundo totalmente masculino.

Os valores desse mundo eram os valores "masculinos" tradicionais sem a mistura do feminino: havia poucos casais estáveis, um grade rodízio de parceiros sexuais, competição, relações impessoais, manipulação do outro, agressividade. Uma pesquisa publicada pela revista *Psychology Today*, em janeiro de 1981, mostrou que mais de 80% dos homossexuais homens tiveram mais de cem parceiros durante a vida, e 2% destes, mais de mil. Poucos eram os casais estáveis. A intimidade diminuía muito o desejo, e cada um partia para uma vida paralela, a fim de poder manter o casamento.

No mundo homossexual feminino, ao contrário, prevaleciam os valores femininos: estabilidade dos casais, cuidado de uma pela outra e muita politização. Ao contrário dos homens, que pareciam se integrar mais na cultura dominante, elas eram questionadoras, por causa de sua dupla opressão: como mulheres e como homossexuais. Na mesma pesquisa, a revista constatou que apenas 2% das lésbicas haviam tido mais de cem parceiras e 80%, menos de vinte. A grande maioria revelava poucas relações, mas bastante estáveis, onde eram mais importantes o afeto e as carícias em todo o corpo do que a sexualidade genital propriamente dita. Também elas imitavam os homens para exorcizá-los.

Em suma, o homossexualismo é um caso alternativo de identificação sexual, mesmo em nossa cultura. Cremos que é ainda bastante misterioso para a psicologia moderna, mas ao menos fica claro que, quando uma criança não se comunica autenticamente com o progenitor do mesmo sexo, não consegue identificar-se com ele. Isso pode acontecer por infinitos motivos: diferença de sensibilidade, ausência, opressão etc. E principalmente pela misoginia da sociedade total.

Uma vez tendo tido uma visão ao menos das tendências culturais em relação à fabricação dos corpos, estamos agora aptos a abordar aquele que será o ponto mais importante deste trabalho: a perspectiva de podermos transformar as relações entre os sexos e, com isso, tentar construir um projeto transformador da realidade coletiva humana.

35. O ANDRÓGINO

A diferenciação sexual no sistema patriarcal produz na criança e lega ao inconsciente do homem adulto a noção da fêmea como o sexo castrado, e a esta, a do homem como ser completo. Uma das vantagens da eliminação do pai ameaçador do quadro teórico que acabamos de descrever implica que a suposição de que a dominação do macho não é universal mostra que a inveja do pênis também não o é. Ela simplesmente expressa a revolta da fêmea contra os privilégios do macho.

Uma solução interessante e intermediária é de que a origem da inveja do pênis nas mulheres não é biológica nem cultural, mas das intenções secretas e inconscientes da sexualidade infantil. Isso porque, para Freud, quaisquer que sejam a biologia e a cultura, o imortal desejo dos dois sexos é o mesmo. Ambos querem ser onipotentemente satisfeitos. E, na medida em que a criança e a humanidade estiverem em fuga da morte, haverá sempre a inveja do pênis, e o pênis atormentará homens e mulheres. No entanto, se descermos a níveis mais profundos e mais arcaicos no homem, descobriremos a inveja do útero a que nos referimos no capítulo sobre a Mãe Primeva. O homem tem também um medo avassalador e profundamente inconsciente da sexualidade feminina e inveja o privilégio da geração da vida.

Tanto um como outro são em meninos e meninas fidelidade ao seu desejo imortal. Porque a sua sexualidade é infantil, ela se espalha pelo corpo todo. Essa sexualidade é perversa polimorfa, ou melhor, pansexual e, portanto, ainda, bissexual. E, de repente, tomar conhecimento de que os sexos são cindidos, de que há diferença entre eles, é visto e sentido, no inconsciente mais arcaico, como perda de integridade.

Como a sexualidade infantil é vivida na família humana e na organização genital adulta, cada sexo reprime na heterossexualidade convencional aquilo que é próprio do sexo oposto. Em cada sexo também o inconsciente não aceita essa repressão, mas pretende restaurar a bissexualidade da infância. E ainda mais um detalhe: correspondente à inveja do pênis pelas mulheres há nos homens o desejo de uma atitude passiva e altruísta para com os outros contra a qual o homem luta tenazmente.

No fim de sua vida, Freud, finalmente, viu essa rejeição fundamental por parte do inconsciente da separação entre os sexos e da diferenciação sexual como o mais profundo e mais obstinado motivo de conflito neurótico entre a libido e a realidade. E, como Freud via a organização genital como um dado biológico, ele chegou à conclusão de que a neurose era incurável.

A organização genital não só é a fonte da cultura humana, mas também de todas as formas patriarcais de família humana. Assim, há um conflito profundo entre as aspirações eróticas mais fundamentais da humanidade e a instituição atual da família.

No nível mais profundo do ideal andrógino ou hermafrodita do ser humano em seu inconsciente, reflete-se a aspiração do corpo humano de superar os dualismos que são a sua neurose. Em última análise, reunificar Eros com o Instinto de Morte. O dualismo masculino/feminino nada mais é do que a projeção, para a sexualidade biológica, do dualismo entre atividade e passividade. E estas nada mais são do que instáveis fusões de Eros e Tânatos, em guerra um com o outro. É por isso que se identifica comumente masculinidade com agressividade e sadismo e feminilidade com passividade e masoquismo.

Assim, o mito que mais obsessiona a mente ocidental da origem da humanidade é o mito do andrógino, em que homens e mulheres teriam sido criados do corte de um ser completo e inteiramente feliz de quatro braços, quatro pernas, duas cabeças e bissexual, e que de então em diante estariam para sempre procurando um ao outro e deixando os deuses governarem em paz...

Por esse motivo, o nosso esforço inconsciente mais profundo e menos assumido estaria em restaurar uma unidade primeva perdida em que vida e morte estariam em completa harmonia.

Esse desejo vem de encontro ao primeiro relato bíblico da criação, que descreve Deus como andrógino, isto é, contendo em si macho e fêmea. Assim, seria também a perfeição humana antes da queda. O ser humano seria um ser completo masculino e feminino, e nesse caso, o pecado original, a queda, teria a ver, além do que já analisamos, com a divisão desse ser primevo em dois sexos e a desagregação do andrógino, frutos ambos da desobediência à lei e da consequente castração patriarcal.

E é assim que a grande procura da humanidade é não só a reunificação entre os sexos, mas a reunificação dos sexos dentro de cada um de nós.

Nesse sentido, tanto a heterossexualidade convencional que reprime os traços do outro sexo dentro de si mesmo como a homossexualidade tanto de homens como de mulheres que imita o outro sexo a fim de se ver livre dele são desvios da androginia. A androginia é talvez a mais desejada e a mais difícil das condições humanas. Chegar a ela pode ter consequências que até hoje só os artistas intuíram, como Rainer Maria Rilke, quando dizia: "E talvez os sexos sejam mais afins do que penso, e a grande renovação do mundo talvez venha a consistir em que homem e mulher, livres do falso sentimento e da aversão, procurem um ao outro não como opostos, mas como irmão e irmã, como vizinhos, e se reúnam como seres humanos" (*Cartas a um jovem poeta*).

O andrógino é aquele heterossexual que não reprime dentro de si as características que convencionalmente pertenceram ao sexo oposto, como por exemplo a sensibilidade e a perda do medo do afeto no homem e a inteligência criativa da mulher. Só é andrógino aquele que é capaz de reunificar os opostos dentro de si: o homem e a mulher, a atividade e a passividade, mente e corpo... isto é, aquele que tende com todas as suas forças à sexualidade polimorfa da infância na idade adulta.

E é por isso que Rilke, em seu apelo a Deus para torná-lo um artista perfeito, pede a Deus que o faça hermafrodita!

36. A RESSURREIÇÃO DO CORPO

Depois de tudo o que acabamos de falar do andrógino, parece que nada mais há a ser dito. Mas o problema permanece ainda obscuro. Fica sempre a pergunta: como é que podem reunificar-se no concreto cotidiano vida e morte, Eros e Tânatos, que parecem ser um o oposto do outro?

Já vimos que, nos animais que não possuem o córtex e, portanto, não são capazes de sublimar, vida e morte são vividos da mesma maneira, isto é, o animal usa o instinto de vida para viver e o instinto de morte para morrer. Ele não está preso ao passado como os seres humanos que são fixados à felicidade de uma infância prolongada e por isso têm medo de morrer. Eles só são capazes de viver o aqui e o agora, vivendo simplesmente todas as alegrias e todos os medos na medida em que eles se apresentam e depois esquecendo. Eles vivem, pois, a vida peculiar à sua espécie.

Só o ser humano não é capaz disso. E, como se ele não tivesse ainda encontrado esse tipo de vida que só a espécie humana pode viver, e mais nenhuma outra. E o sinal disso é a contradição que existe dentro dele entre vida e morte, que ele projeta na cultura para o mundo exterior, e nesse mundo a destrutividade está sendo mais forte do que a construção da vida e do mundo. Então, como seria essa reunificação entre vida e morte, incapaz de fazer o ser humano chegar à plenitude de sua vida, isto é, à plenitude de sua satisfação e também de o tornar menos destrutivo com o mundo?

Se pudermos imaginar um ser humano irreprimido, que tenha superado a culpa e a angústia e, portanto, suficientemente forte para viver e para morrer, em primeiro lugar esse ser teria um corpo isento de toda organização sexual, um corpo isento das fantasias sexuais oral, anal e genital de retorno ao útero materno. Essa pessoa não teria em si o complexo do dinheiro nem os pesadelos da nossa cultura patriarcal.

Nesse ser haveria de cumprir-se na Terra a esperança do Cristianismo, da ressurreição do corpo. Seria um ser livre da imundície que é a hipersublimação em que vivemos hoje. A liberdade em relação à morte seria a liberdade em relação à morte em vida que vivemos hoje, mas a libertação da morte, paradoxalmente, seria a força para viver e morrer, porque o que se tornou perfeito, perfeitamente maduro, quer morrer.

Com um corpo assim transfigurado, a alma humana pode reconciliar-se com o ego humano e voltar a ser um ego-corpo, a superfície sensível do corpo que permite aquela comunicação corpo/corpo que é a vida. E esse caminho que leva a essa comunicação não é uma dissolução, mas um robustecimento do ego humano.

O ego humano teria que ser suficientemente forte para desfazer-se da culpa. A consciência arcaica era bastante forte para reconhecer a dívida da culpa. A consciência cristã era suficientemente forte para reconhecer que a culpa era tão grande que só Deus poderia pagá-la; o homem moderno é suficientemente forte para conviver com a culpa, mas o corpo ressuscitado será o único capaz de cancelar a culpa, porque sabe que ela é uma fantasia infantil...

Então, como começar esse caminho?

37. AS ALTERNATIVAS DA SUBLIMAÇÃO

É a família nuclear patriarcal que origina a reprodução do cuidado materno apenas pela mãe. As mães cuidam dos filhos e das filhas com consequências diferentes para uns e para outras. As meninas vão aprender com ela o seu papel de mãe, e os meninos se separam dela criando uma identidade masculina, identificando-se com o pai de quem têm medo. Por isso, na cultura patriarcal, a mãe é rejeitada tanto pelos meninos, porque ela é proibida, como pelas meninas, porque nasceram iguais a ela, isto é, inferiores.

No entanto, com a recente entrada da mulher no mercado de trabalho, os homens começaram, também, a entrar no domínio do privado, da casa, principalmente nos países desenvolvidos e em alguns setores mais modernos dos países subdesenvolvidos. Eles passam, assim, a fazer, juntos com a mulher, o trabalho da casa e a dividir o cuidado das crianças.

E o que pode advir disso, ao menos a médio prazo, é muito importante, podendo vir a ser até a origem da mudança da estrutura psíquica de meninos e meninas. Em primeiro lugar, a relação simbiótica mãe/filho é dividida. A mãe já não seria a única doadora da vida, mas ela se dividiria com o pai. A dependência de meninos e meninas não seria apenas para com uma pessoa do sexo feminino, mas se dividiria com outra pessoa do sexo masculino. Assim, a criança — tanto os meninos como as meninas — poderia desenvolver uma intimidade com pessoas dos dois sexos.

A pesadíssima carga que recai sobre a mulher na cultura patriarcal, de ser a depositária do amor totalizante e do prazer imortal, é agora dividida com o pai.

A primeira barreira que isso rompe é a desvalorização da mulher, isto é, a mulher já não será vista mais como um ser castrado, sem o órgão do prazer. Em outras palavras: a divisão do cuidado materno iguala pai e mãe aos olhos das crianças, o pênis já não é mais o órgão supervalorizado. Desaparece, assim, a figura do pai primevo ameaçador que Freud dizia ser a figura filogenética representativa da masculinidade e da agressividade. O pai torna-se tão doador de vida quanto a mãe, tão amoroso quanto ela. O pênis e a vagina passam, então, a ser o complemento um do outro.

Por outro lado, desaparece também a figura da mãe primeva todo-poderosa, a única criadora de amor e de vida. Aparece o casal andrógino, que supera o segundo obstáculo que atormenta a psique imatura da criança: a separação dos sexos. O segundo obstáculo superado, então, no desejo infantil de totalidade é a cisão entre homem e mulher.

Uma terceira separação que cai é a divisão de funções: para a mãe, o amor, para o pai, a rigidez, o que mudaria fundamentalmente a natureza do superego. Na fase da resolução edípica, o menino não tenderia mais a identificar-se com alguém que quisesse matá-lo, mas com um amigo. Ora, isso faria diminuir a fixação do menino na fase anal e o seu grau de sublimação. Ele não reprimiria mais a emoção, e sua inteligência não seria tão dissociada e impessoal. Talvez o menino pudesse conservar mais de certa forma o seu corpo, como faz a menina, e desenvolver um superego menos rígido e mais semelhante ao superego feminino. Poderia continuar mais polimorficamente perverso como a menina e, acima de tudo, com menos medo da morte.

E a menina? Talvez continuasse imersa em relação como hoje, mas não se identificará mais com um ser castrado e, sim, com um ser inteiro, pois a relação entre pai e mãe seria de igual para igual, e não de senhor e escravo. Não teria mais inveja do pênis, certamente! A mãe teria um pouco a figura do pai de hoje, pois estaria inserida no mundo do trabalho, o que faria dela, portanto, um modelo mais criativo e com a inteligência mais desenvolvida. O pênis perderia, pois, o seu valor de falo, e outros valores teriam que ser encontrados para integrar a cadeia dos significantes...

Enfim, os homens teriam perdido o medo da entrega e o medo da mulher, e as mulheres não seriam, como são no patriarcado, tão dependentes do homem idealizado. Poderiam exercitar mais a sua identidade através da autonomia integrada com a relação. E os homens aprenderiam a ligar amor à vida e não à morte, porque se relacionariam mais consigo mesmos e com os outros.

As consequências disso no plano coletivo poderiam ser incalculáveis. Em primeiro lugar, meninos e meninas educados numa sociedade assim pluralista não achariam, como acham hoje, desde o seu nascimento, "natural" uma sociedade em que a mulher é inferior ao homem, e, portanto, não achariam "natural" nenhuma sociedade hierarquizada, autoritária e desigual, e, sim, um mundo democrático, não competitivo e de partilha.

A partilha, e não mais a competição entre homens e mulheres, faria — malmente! — as sexualidades feminina e masculina convergentes e não mais divergentes. A guerra surda que se trava entre o homem e a mulher, e que é fruto de uma sociedade patriarcal e de classes, teria um término.

E ainda mais: essa integração de homens e mulheres, cada um conservando a sua especificidade, poderia levar a uma reintegração com o meio ambiente e, principalmente, dentro de cada um, menino e menina, a uma reintegração do ego com o próprio corpo.

Assim, se aceleraria a transformação da realidade, não mais no sentido sublimatório, mas sim no sentido erótico. Finalmente, o princípio do prazer estaria integrado com o princípio da realidade. Ao menos até onde estivesse ao nosso alcance de homens e mulheres.

Cremos ainda que isso é inexequível nesse estágio de desenvolvimento da espécie humana, mas é preciso que essa coisa tão simples possa ir se concretizando o mais rápido possível, caso contrário a destruição que se avizinha será inevitável.

E como seriam o novo homem e a nova mulher que essa transformação das relações familiares traria?

38. O FIM DA HISTÓRIA

Seria muito limitador da nossa parte afirmar que todos os problemas das relações humanas se transformariam automaticamente com a mudança da estrutura familiar. Obviamente, a reintegração do público/privado em nível individual é essencial para a transformação da maior parte desses problemas.

Marx postula que todos os males humanos vêm da alienação dos frutos de trabalho. Ora, já vimos que isso começa a acontecer plenamente apenas no período histórico/patriarcal e que é fruto de alienações muito mais antigas provenientes das cisões que, por sua vez, são frutos da repressão.

A primeira alienação, portanto, é a alienação da vida em relação à morte. Para diminuir essa repressão (evidentemente ela nunca poderá ser de todo erradicada) são necessárias transformações profundas nas relações humanas, perfeitamente possíveis, mas ainda em curso incipiente, e são precisas também transformações profundas na ação coletiva e institucional.

É a alienação do produto do trabalho que transforma o ser humano em coisa e, depois, em número. O mesmo acontece com toda a sociedade que se homogeneiza por baixo. A parafernália pós-moderna com seus faxes, computadores, somada à falência do Leste Europeu, que não soube superar a alienação humana, é feita para nos fazer crer que no conforto, no conformismo, se supera a alienação. O primado do objeto sobre o sujeito está trazendo um gravíssimo processo de robotização de toda a sociedade, quer seja ela desenvolvida, quer subdesenvolvida. E esse processo de robotização leva a alienação do ser humano às suas ultimíssimas consequências.

Aí estão os meios de comunicação de massa, sobretudo a televisão, homogeneizando eficazmente o ser humano até como espécie, todos os seres humanos. Isso ao mesmo tempo bloqueia a consciência crítica e cria o reinado da mediocridade sobre a criatividade. O velho passa por novo, e o caduco, por moderno. As novas gerações se tornam conservadoras a partir do seu mais profundo inconsciente porque não têm maiores problemas para resolver.

Assim seria se a história fosse exatamente o que os intelectuais pensam dela, mas ela é real, misteriosa, inescrutável. Aí está o efeito colateral máximo dessa máxima robotização: a ameaça de destruição da natureza. E essa destruição está sendo feita justamente por esses seres humanos conformados, homogeneizados. Então, trabalhar apenas no nível individual para reunificar vida e morte não é suficiente.

A reunificação da vida e da morte mesmo no ser humano talvez seja a mais difícil e a última coisa que se consiga. Ela vai depender, também, fundamentalmente do trabalho de reunificação da vida e da morte no ambiente externo feito ao mesmo tempo que isso se faz silenciosa e internamente. Assim, nas derradeiras páginas deste livro, cabe-me apontar os caminhos que consegui vislumbrar nesse processo individual tão doloroso da minha vida pessoal somado à reflexão teórica e à participação no processo histórico do meu tempo. E sei que essas ideias irão se juntar às de outros que estão vivendo o mesmo processo de integração desses tipos ou níveis de vivência.

Em primeiro lugar, há que se trabalhar em nível teórico para criar uma epistemologia a partir da mulher nova e do homem novo que se encontram na relação, e não na solidão. Toda ciência de hoje, a filosofia e a economia são ciências de confronto, de oposição, e não de integração e conciliação. Seus métodos são os de destruir os adversários, e não o de união com eles em contextos cada vez maiores. São jogos de força e não de atração!

Esse novo tipo de pensamento poderia dar origem a uma ciência que não fosse baseada na fragmentação e na categorização ao infinito que caracterizam as ciências atuais baseadas na epistemologia platônica, que é a base da filosofia ocidental. Uma ciência que seja de união com a natureza, e não de sua destruição. Uma teoria econômica que visibilize o que está invisível nela, isto é, a verdadeira condição humana, que não é matematizável. Uma teoria do Estado baseada na inserção efetiva da sociedade civil e na interação dialética entre base e cúpula, tal como os movimentos sociais estão nos ensinando hoje o que, a médio prazo, pelo menos, possa fazer com que o poder volte a ser um serviço à comunidade, e não mais controle dos corpos e das mentes por uma elite.

Ora, isso é perfeitamente possível de se conseguir, desde que haja vontade política nacional e internacional para tanto. Já não estão se formando os blocos de nações para perpetuar as relações capitalistas de troca? Isso há dez anos era impensável. E já sabemos com que aceleração e com que grandeza a história caminha. É preciso fazer crescer dentro dos partidos políticos (palavra que vem de partir, cindir, alienar, reprimir!), de forma que haja menor centralização de decisões e menos massa de manobra.

E, finalmente, a um prazo maior, é preciso tirar do dinheiro a sua qualidade de ser a cristalização da exploração do ser humano.

O estado do bem-estar tentou alocar dinheiro de maneira diferente do capitalismo selvagem e quase conseguiu acabar com a luta de classes em favor do sistema vigente. Há que se repensar o dinheiro em sua radicalidade, talvez no sentido do que queria Marx (até agora não conheço outro melhor), de que cada um dá o que pode e tira o que precisa.

Só assim se colocariam o robô, o computador e a modernidade a favor e não contra o ser humano. Ninguém deseja um mundo utópico e regredido. O que penso é que hoje tornou-se imperativo para a sobrevivência da espécie que o ser humano volte, num nível infinitamente superior, de maneira dialética, às suas relações primitivas com a natureza, quando ele era irreprimido e tinha dentro de si um equilíbrio entre a vida e a morte melhor do que o nosso.

É preciso, a partir de repensar o dinheiro, repensar também o problema da partilha nesse nível superior, partilha essa que seria o fim do consumo como neurose, em que se consumiria apenas o essencial e se desfrutaria da vida, condições para que o atual sistema caia de podre...

O fim da história só pode ser admitido como o término da oposição vida/morte. O homem distanciou-se da natureza, dos seus instintos e de si mesmo.

Se a repressão fosse ao menos em parte abolida, a inquietação do homem faustiano também terminaria, porque ele estaria satisfeito. Sublimaria menos, seria menos obsessivo no trabalho e se comunicaria mais com os outros. Assim se poderia superar a alienação eu/outro, sujeito/objeto, homem/mulher e, finalmente, a alienação mente/corpo. A alma poderia por fim ser devolvida plenamente ao seu corpo. E a atividade seria prazerosa, quer ela fosse ação prática, quer fosse apenas intelectual.

Os seres humanos não precisariam unir-se em hordas para escapar à verdadeira independência, a verdadeira identidade. E poderiam ser suficientemente fortes para viver e para morrer. Começariam a ficar contentes com tudo, como dizem os zen-budistas daquele que seria o verdadeiro sábio.

O animal irreprimido não traz em si qualquer intenção de alterar a natureza, e a humanidade deve superar a repressão a níveis individual e coletivo se quiser achar uma vida não governada pela intenção inconsciente de achar outra espécie de vida. Depois que tiver terminado a busca do ser humano do seu adequado modo de ser — após o fim da história —, cada indivíduo poderá corporificar a plena essência da espécie em que vida e morte são simultaneamente afirmadas, porque vida e morte juntas constituem a individualidade de cada um, e amadurecer é tudo.

Só deseja progredir, mudar, quem ainda não viveu tudo o que queria. E quem tem consciência de que já viveu tudo o que tinha que viver deseja naturalmente morrer. O ser humano não pode repousar enquanto não tiver vivido todas as linhas não vividas do seu corpo.

39. CONSCIÊNCIA E TRANSFORMAÇÃO

Toda vez que descubro uma coisa nova, seja em nível individual, seja em nível coletivo, a pergunta que reflete a minha perplexidade é: o que fazer com esse novo alargamento de consciência?

Freud, que era muito conservador, via — no caso das descobertas individuais — que os desejos da infância perdidos e agora reencontrados em nível consciente não podem muitas vezes ser realizados pela própria estrutura da realidade. E assim "logicamente" têm que voltar de novo para dentro. Nunca passou pela cabeça dos conservadores que esses desejos possam expressar-se externamente num projeto de transformar o mundo no sentido de realizá-los.

Se a sublimação sempre transforma o mundo num sentido destrutivo, nunca lhes passou pela cabeça que seja possível transformá-lo num sentido erótico. Os conservadores são radicalmente pessimistas, como são pessimistas as pessoas que não têm coragem de colocar em prática aquilo que descobriram.

A descoberta do novo libera enormes quantidades de energias até então reprimidas e que agora querem realizar-se. Por isso, caminhar no novo é tão difícil. Melhor não querer saber de nada, para não ter que devolver o desejo agora consciente à repressão. Porque doravante as repressões são construídas a partir de material mais sólido. Ou melhor: depois que descobrimos as linhas não vividas da nossa vida, temos que esquecê-las, porque não são compatíveis com os objetivos da sociedade estabelecida... porque os seus objetivos são imutáveis, porque sempre foi assim e sempre será.

E isso significa que a agressão se volta de novo para dentro de nós mesmos, que seja outra vez subjetividade, e também a culpa, isto é, que a insatisfação se instale agora para sempre, tanto individual quanto socialmente. E essa louca conclusão se instala porque os conservadores tomam a cultura como inevitável tal como ela é e em duas direções características: primeiro a cultura caminha na direção do robustecimento do intelecto, com um reforço do seu controle da vida dos instintos, e segundo, da subjetivação dos impulsos agressivos de todos nós com todos os perigos do meio ambiente etc.

A única alternativa, pois, para essa verdadeira esquizofrenia do ser humano seria um projeto para a transformação da realidade, mas diferente do projeto sublimador. Na concepção conservadora, o ego se alia ao princípio da realidade contra o inconsciente. Vencem as exigências morais no superego contra as exigências instintivas do inconsciente. Assim, seria substituído sem crítica o princípio do prazer que reina soberano no id pelo princípio da realidade aceita sem discussão. Mas, evidentemente, há outra alternativa: aliar o ego e o inconsciente contra o princípio da realidade. Claro que o ego racional e maduro deve encarar os fatos como eles são e evitar o pensamento desejoso, mas o reconhecimento do mundo tal qual ele é não exclui o desejo ou a atividade de transformá-lo no sentido de torná-lo mais prazeroso, isto é, transformar a realidade de acordo com o princípio do prazer, o que inclui também a justiça social e econômica.

Na psicose, o inconsciente vence o ego e cria para si um mundo próprio que não tem nada a ver com a realidade. Na descoberta do novo, ele não ignora a realidade, mas, como a psicose, procura criar um mundo novo a partir da realidade, isto é, transforma essa realidade. Daí porque todo trabalho de transformação, sejam os movimentos populares, seja a transformação individual ou política, tem que ter como motor o desejo de transformar o mundo de maneira que ele coincida com o nosso desejo de prazer. Caso contrário, esse trabalho de transformação vira uma psicose, pois ignora o desejo do agente transformador, e o ego volta a reinar soberano sobre ele. Tanto as teorias como o trabalho, a menos que sejam um princípio de transformação da realidade, viram uma psicose, ao fazerem o desejo voltar para dentro em vez de expandir-se. Em outras palavras, todas as pessoas que trabalham pela transformação coletiva não por prazer, mas por obsessão ou para fugir dos próprios problemas, trabalham em direção da fuga à morte, isto é, da sublimação e, portanto, em última análise, do instinto de morte. Assim, não pode haver transformação no sentido da vida sem prazer.

Dessa forma, vemos por que só o desejo tem força suficiente para transformar a história que foi feita pela sublimação, que serve ao poder, e só a entrada do desejo na história e na cultura é capaz de reunificar os instintos em briga inconsciente entre si. Assim e só assim a vida humana poderia não ser baseada na repressão e, portanto, não se destruir.

40. CONCLUSÃO

A VIDA VIVIDA

Pronto. Creio que o ciclo se completou. Quando iniciei este trabalho, minha pretensão era muito menor. Queria apenas descrever o mundo feminino e o masculino como eu os estava vendo. Mas, quando juntei as duas partes, vi que o mundo da sexualidade e o do poder, embora estreitamente ligados, eram completamente esquizofrênicos: aparentemente, um não tinha nada a ver com o outro. O micro era micro demais, e o macro, muito mais macro do que eu pensava.

E foi dessa perplexidade que surgiu a pergunta sobre o ser humano. E, creia, leitor(a), foi essa a parte mais difícil de escrever. Nenhum dos grandes autores convencionais — Marx, Hegel, Freud, Lacan etc. — deu conta dessa defasagem. E, tal como na minha pesquisa uma frase de um livro de Deleuze e Guattari me deu a chave do enigma, aqui também foi um conceito de Norman Brown que me abriu a cabeça. Brown era um autor enormemente conceituado nos anos 1970, mas não sei se hoje ainda é lido. No entanto, foi justamente sua crítica a Freud em relação aos instintos de vida e de morte que me deu a pista para o final deste livro.

Se, para Freud, Eros e Tânatos são irreconciliáveis, para Brown, que é um místico, eles podem interagir dialeticamente, e para mim isso podia dar conta das divisões tanto internas quanto externas dos seres humanos com as quais me deparei tanto na minha pesquisa quanto no decorrer da minha vida pessoal. As fases da libido que seriam filhas do instinto de morte, isto é, do medo da perda, poderiam ser superadas, e também a cisão mente/corpo, homem/mulher e ser humano/natureza. Podia-se consistentemente entrever um corpo humano não mais prisioneiro do seu medo, mas sim liberto para nele circular livremente o seu desejo.

Assim a alma poderia voltar para dentro do corpo, o homem e a mulher se encontrariam, e o Poder poderia transformar-se em Partilha. Mas, embora o enigma teoricamente parecesse resolvido, tudo ainda restava por fazer. Essa conclusão seria apenas uma conclusão igual à de todos os livros, cinza, nebulosa e utópica se ela não fosse acompanhada pela prática. Se eu não tivesse tentado viver tudo o que escrevi aqui, este livro perderia a credibilidade. Inconscientemente, acho que, por ser mulher, eu tinha tentado integrar dentro de mim Eros e Tânatos.

Embora me seja difícil falar sobre isso, creio que só este testemunho pode mostrar ao(à) leitor(a) que é possível essa integração, ao menos em parte, mesmo neste mundo cão em que vivemos.

Conforme já disse no início, a primeira saída para a minha vida foi a luta coletiva pela justiça no início dos anos 1960. Mas pouco a pouco ela foi se tornando insatisfatória. Alguns anos depois, acrescentei a essa luta uma outra: a de libertação da mulher, que incluía a sexualidade e o corpo.

Evidentemente, essa luta vinha paralelamente a uma vida afetiva tumultuada. Eu estava pronta para relações intensas, mas os homens acabavam recuando com medo de um aprofundamento maior. Eu queria viver os extremos, e os homens, não.

Naquela época, eu pensava que esse era um problema só meu, e por isso procurei me entender. Como membro da classe média, comecei a fazer várias terapias. Primeiro a análise, terapia da palavra, depois as terapias corporais. No começo a análise expandiu enormemente a minha cabeça. Eu era muito infeliz porque vivia no meio de pessoas medíocres e não sabia como me livrar delas. Com a análise, aprendi a não recusar a grandeza da vida, e cerca de um ano depois era uma das mulheres mais populares deste país. Em plena ditadura militar, no auge das torturas, eu era suficientemente irresponsável para levantar o problema da mulher!... E foi a partir daí que compreendi que é necessário ser meio irresponsável para aceitar os grandes desafios... E tudo o que consegui depois na vida veio a partir daí. Nunca mais deixei passarem os desafios sem tentar abraçá-los.

Mais tarde, as terapias da palavra não me satisfaziam mais, e passei para outras mais pesadas, as terapias corporais. A bioenergética iniciou minha expansão corporal. De fato, através dessa terapia, consegui vivenciar em que partes do meu corpo se cristalizavam os sofrimentos do passado, e assim consegui integrá-los. Através da ioga, comecei a desenvolver algumas percepções paranormais, inclusive premonições, mas parei logo. Não era esse o meu caminho. Ele só fazia me desviar do desenvolvimento que eu julgava essencial para mim.

Ainda depois, já no fim dos anos 1970, consegui libertar o sofrimento mais profundo do ser humano: o trauma do nascimento. A terapia chamava-se *rebirthing* (renascimento) e foi a mesma que fez Leboyer. E ele ficou tão impressionado que, a partir dessa terapia, criou o tipo de parto que veio a ter o seu nome e que diminui muito o sofrimento da criança na hora do nascimento. E foi um ano depois, só um ano depois, que consegui liberar toda a potencialidade de prazer que meu corpo possuía. As pessoas já tinham me avisado que, para liberar o prazer, seria necessário primeiro liberar o sofrimento. E foi o que aconteceu.

Os orientais chamam a energia sexual de *kundalini*. No Ocidente, essa energia é, como já vimos, localizada na área genital, mas há técnicas milenares que são capazes de fazer difundir o prazer pelo corpo todo. E foi assim que, sem ter procurado, consegui liberar a *kundalini* em meu corpo. Durante dias, vivi minha vida rotineira em estado agudo de prazer, e durante meses, depois, eu me senti plenamente satisfeita.

Percebi então que os grandes mestres espirituais viviam constantemente nesse estado e conseguiam até transmitir essa vivência aos outros. Um amigo meu teve a mesma experiência que eu quando Muktananda lhe impôs as mãos sobre a cabeça.

Minha vivência foi passageira, mas nunca mais procurei reviver essa sensação, pois acho perigosíssimo procurar esses estados alterados de corpo e consciência por si mesmos. Em vez de libertar, eles podem enlouquecer aqueles que os procuram com voracidade e aqueles que querem consumi-los. Mas essa vivência mexeu fundo na minha relação com a vida e a morte. Foi nessa época que eu soube o que era o corpo ressuscitado. Não um corpo ascético, mas um corpo cheio de prazer, como deveria ter sido o corpo de Adão antes da queda e daqueles humanos que viviam em comunhão com a natureza no jardim das delícias.

Eu já me sentia mais viva. Já era capaz de aceitar a alegria quando ela vinha e a depressão sem me defender dela. Já me sentia, ao menos parcialmente, mais capaz de viver e de morrer.

E creio que foi o acúmulo de toda essa experiência corporal e intelectual que me capacitou para entrar em meados dos anos

1980 dentro do vale da morte, que é o mundo masculino, sem me desintegrar e sem me masculinizar. E é por isso que digo que essa aventura foi, talvez, a mais fantástica que a vida tenha concedido a uma mulher.

E também é por causa disso que posso entender um pouco melhor a desintegração entre o mundo do prazer e o do poder, embora um tenha saído de dentro do outro. É tudo uma questão de adaptação do corpo (erógeno). O poder foi se fortificando à medida que o corpo foi sendo reprimido. E essas novas gerações que já podem sentir os efeitos das descobertas destas últimas duas décadas e que já têm um corpo mais sensibilizado não encaram mais o Poder como seus pais. Para eles, a guerra é algo fora de moda, e é preciso impedir que o planeta se destrua.

Ainda a maioria dos povos é violenta, fanática e predadora, mas já há uma parcela da humanidade que resiste a isso. Um Pós-Patriarcado se esboça, e com ele uma tentativa de erradicar as desigualdades econômicas, apesar de todo o Peso que as estruturas antigas ainda exercem.

Há alguns anos, por exemplo, esse novo critério de desenvolvimento que hoje a ONU aceita, e que inclui o desenvolvimento social, era visto com risinhos. Hoje, Brasil, Paquistão e Nigéria são considerados alguns dos piores países do mundo por causa da sua excessiva concentração de renda, embora sejam economias grandes.

Com a aceleração histórica que, creio, aumentará muito neste fim de milênio, talvez essa tendência a reverter a destruição da espécie se acelere, antes que seja tarde demais.

Sou otimista, sim. Minha vida pessoal me mostrou isso. Desde criança tive que lutar contra um defeito físico dos olhos que tornava minha vida intelectual quase impossível, e aqui estou. Nesses últimos vinte anos, o sofrimento foi tanto que tentei refabricar todo o meu corpo, e também consegui alguma coisa.

Acho que, na hora exata, todos somos capazes de usar as forças mais profundas que jazem inaproveitadas em nosso corpo e que só aparecem na hora do perigo. Pois estamos em perigo. E aposto numa transformação cada vez mais rápida, coletiva e pessoal.

O meu carinho pessoal passa por aí, e não pelo misticismo dissociado da ação dentro do mundo e naquilo que ele tem de pior. É possível para cada um de nós refabricar o próprio corpo e a própria cabeça, e ainda mais possível é refabricar as próximas gerações. A grande transformação está em sermos capazes de viver todas as linhas não vividas do nosso ser e com isso eu sei que o sistema de poder explode. Por isso, leitor(a), mãos à obra!

A edição revista deste livro foi publicada em novembro de 2020, quando se comemoram os 90 anos de nascimento de Rose Marie Muraro, Patrona do Feminismo no Brasil e fundadora da Rosa dos Tempos, a primeira editora feminista do país.

O texto foi composto em Minion Pro, corpo 11/16. A impressão se deu sobre papel off-white pelo Sistema Cameron da Divisão Gráfica da Distribuidora Record.